LALLA ROUKH

OU

LA PRINCESSE MOGOLE,

HISTOIRE ORIENTALE,

PAR THOMAS MOORE,

TRADUITE DE L'ANGLAIS

PAR LE TRADUCTEUR DES OEUVRES DE LORD BYRON.

TOME SECOND.

A PARIS,

CHEZ PONTHIEU, LIBRAIRE,

PALAIS-ROYAL, GALERIE DE BOIS, N°. 201.

1820.

LALLA ROUKH,

HISTOIRE ORIENTALE.

II.

IMPRIMERIE DE FAIN, PLACE DE L'ODÉON

LALLA ROUKH

OU

LA PRINCESSE MOGOLE,

HISTOIRE ORIENTALE,

PAR THOMAS MOORE;

TRADUITE DE L'ANGLAIS
PAR LE TRADUCTEUR DES OEUVRES DE LORD BYRON.

TOME SECOND.

A PARIS,
CHEZ PONTHIEU, LIBRAIRE,
PALAIS-ROYAL, GALERIE DE BOIS, N°. 201.
1820.

LALLA ROUKH

HISTOIRE ORIENTALE.

LES ADORATEURS DU FEU.

La mer d'Oman (1) est éclairée par la lune; ses bancs de perles, et ses îles de palmiers, sont embellis par les rayons de l'astre des nuits, et ses flots d'azur dorment en souriant.

La lune brille dans les murs d'Har-

(1) C'est le nom qu'on donne quelquefois au golfe Persique qui sépare la Perse de l'Arabie.

mozia (1) et dans le palais de porphyre de l'émir, où il n'y a que quelques heures que *la trompette* éclatante, et le zel sonore (2) saluaient le coucher du soleil, astre paisible qui préfère la mélodie du rossignol, et les tendres accords du luth des amans. Partout règne le silence ; l'Océan est muet comme le rivage. Si des zéphyrs surviennent, leur haleine est si douce, qu'elle n'agite aucune feuille et soulève à peine les vagues.

La tour-à-vent (3) du palais de l'émir appelle en vain le souffle de la brise.

---

(1) Aujourd'hui Gombaroun, ville persane située sur le golfe.

(2) Instrument de musique des musulmans.

(3) A Gombaroun et dans d'autres villes, ils ont des tours pour aspirer le vent et rafraîchir les maisons. (*Bruyn.*)

Le tyran arabe lui-même dort en silence pendant qu'une nation pleure autour de lui, et lui prodigue les malédictions; pendant que d'innombrables épées sont tirées du fourreau pour venger les outrages que ses soldats ont faits au nom d'Iran (1) : ce prince cruel est aussi peu ému au milieu des malheureux qui pleurent, que dans le feu d'une mélée; c'est un de ces guerriers fanatiques, dévoués au Koran, et avides de carnage, qui croient que le plus court chemin du ciel est celui qui les y conduit à travers les flots du sang des infidèles.

Au milieu des ennemis que sa main vient de terrasser, il s'arrêtera soudain pour fléchir le genou, et répéter le texte divin gravé sur son glaive san-

(1) Iran est le nom énéral donné à l'empire des Persans. (Recherc. asiat. disc. III.)

glant (1) : il pourra même remarquer de sang-froid jusqu'à quelle lettre de ces paroles sacrées la lame homicide a été plongée dans le cœur de sa victime.

Juste Alla ! de quel œil peux tu voir un tel barbare, prosterné devant toi, tourner, d'une main souillée par le carnage, les pages de ton livre céleste, et justifier par tes sublimes paroles, ses rapines, ses vengeances et ses forfaits ? Telles les abeilles de Trébisonde expriment, des fleurs dont le pur sourire embellit les jardins, un noir venin qui donne la rage (2) !

---

(1) Un verset du Koran est ordinairement gravé sur leurs cimeterres. (*Russel.*)

(2) Il est une espèce de rhododendron près de Trébisonde, dont les fleurs sont recherchées des abeilles, et le miel qu'elles en tirent donne la rage. (*Tournefort.*)

Jamais l'Arabie n'avait envoyé un satrape plus terrible et plus féroce qu'Al Hassan ; jamais la Perse n'avait gémi sous un joug plus cruel. Ses princes sont détrônés ; son orgueil est humilié ; ses enfans souffrent un esclavage volontaire, et ne rougissent pas dans leur terre natale..., qui n'est plus à eux..., de ramper sous les lois d'un étranger. Ses temples, où Mythra était naguère adorée, sont devenus....., ô honte.....! de profanes mosquées ; des esclaves convertis par le fer, et de lâches apostats, brûlent un encens qui outrage le ciel, et maudissent la foi de leurs pères. Mais Iran, au milieu de ses disgrâces, trouve encore des cœurs animés de l'espoir de la vengeance. Tels que ces pierres précieuses qui, riches des rayons du soleil, étincellent parmi les ténèbres, ces cœurs brillent encore de tout l'éclat de la gloire passée. Il est aussi dans Iran des glaives prompts à seconder les entreprises de ces cœurs généreux. Il l'apprendra bientôt, ce barbare émir qui dort, au milieu de son palais, aussi calme que si la lune qui l'éclaire était le sourire approbateur du ciel. Oui ! dors, Hassan; dors...., c'est pour des yeux plus purs que les tiens que la vague s'est tue, que les astres étincellent.... Dors, et que la lumière éblouissante de la lune ne trouble pas ton repos. Ceux qui aiment et qui sont aimés doivent seuls veiller à cette heure si douce de la nuit.

La tour du palais s'élève sur ces rochers qui projettent leurs ombres sur les flots : c'est là que j'aperçois une jeune beauté; sa chevelure brillante, comme les plumes de héron qui ombragent le turban d'un roi (1),

(1) Les rois portent les plumes de héron

tombe en boucles d'ébène sur le balcon. C'est elle ! c'est l'aimable fille de l'émir ; quoique née d'un père si cruel, rien n'égale sa candeur, sa tendresse et sa grâce. Telle la source radieuse de la jeunesse jaillit parmi les rochers d'une montagne aride (1).

Quel trésor pur et divin est la beauté qui, loin de la vue profane du monde, embellit de ses attraits une seule demeure ! La fleur qui s'épanouit sous l'Océan, ignorée des rayons du soleil, est dans un asile moins chaste qu'elle. Tes charmes et ton âme, ô Hinda ! ont été dérobés à l'œil des hommes, comme des mystères sacrés.

---

noir sur le côté droit du turban, comme une marque de leur souveraineté. (*Hanway*.

(1) La source de la jeunesse, dit une tradition mahométane, est située dans de sombres montagnes. (*Richardson*.)

Quel sera le transport de l'amant qui pourra soulever le voile qui les protége? moins heureux ceux qui, soudain au milieu de la solitude des mers, découvrent un rivage enchanteur où aucun mortel n'a respiré avant eux l'air embaumé du ciel !

Belles sont les vierges qui parcourent au coucher du soleil les vallons d'Yemen (1), et les voiles couleur de rose de leur litière nous cachent des yeux séduisans. Sous le climat fortuné d'Yemen on voit de jeunes épouses délicates et pures comme le jasmin qui orne leurs têtes; elles goûtent le repos dans leurs frais kiosks ou sous de verts ombrages, comptent les heures devant leurs miroirs, et embellissent chaque jour; mais jamais les harems d'Arabie n'ont

---

(1) L'Arabie heureuse.

vu sourire une vierge ou une jeune épouse qui pût le disputer en attraits à l'aimable fille d'Al Hassan.

Légère comme ces anges aériens qui charment les rêves de l'enfance, et douée de tous les trésors de la beauté, elle a des yeux si purs, que leurs regards feraient rougir le vice. A son aspect, il fuirait ébloui comme le serpent qui a osé fixer l'éclat virginal de l'émeraude (1). Cependant Hinda connaît tous les tendres désirs de son âge, et réunit dans son cœur le feu céleste et chaste de la vertu aux douces faiblesses de la femme. Quelques ombres de sentimens terrestres adoucissent la religion qui

(1) Ils prétendent que, si un serpent fixe l'éclat de l'émeraude, il devient aveugle aussitôt. (Ahmed ben Abdazis. — Traité des *pierres précieuses*.)

brille dans son âme divine ; comme on voit la lumière du jour se glisser à travers le feuillage, et y répandre une clarté si douce et si peu éclatante, que l'obscurité y est plus belle que toute la splendeur du soleil.

Telle est la jeune fille qui a quitté sa couche où le sommeil la fuit, et qui demeure seule sur la tour, observant la surface tranquille des flots argentés par la lune. Une larme coule de ses yeux, son cœur palpite... Ah! ce n'était point ainsi qu'elle contemplait les cieux et sa terre natale dans des jours plus heureux. Pourquoi regarde-t-elle avec tant d'inquiétude ces sombres rochers dont l'ombre sévère obscurcit le miroir des ondes? Qui attend-elle pendant cette nuit silencieuse? Ces rochers sont trop escarpés, trop inaccessibles pour qu'un mortel escalade le sommet de la tour.

Ainsi le crut du moins son père soupçonneux, lorsqu'il choisit ce lieu élevé pour y placer la terrasse où sa fille pourrait respirer l'air frais de la nuit, après le départ du soleil brûlant (1) ; voulant la rendre aussi agréable que sûre, sa tendresse paternelle l'avait richement ornée.

Qu'aucun soupçon ne trouble ton sommeil, redoutable émir, et ne te révèle ce que peut entreprendre l'amour; l'audacieux amour qui ne trouve aucun charme dans les trophées qu'il obtient trop facilement; l'amour, pour qui les fruits les plus doux sont ceux qu'il cueille sur les précipices du danger! Plus hardi que ces hommes qui n'osent plonger dans

(1) A Gombaroun et dans l'île d'Ormus, il fait quelquefois si chaud, qu'on est obligé de passer toute la journée dans le bain. (*Marco Polo.*)

la mer pour y chercher des perles que lorsque les flots sont paisibles, l'amour sent redoubler son courage à l'approche des tempêtes, et n'estime que la victoire qu'il remporte malgré le courroux des élémens ! Oui, vierge charmante de l'Arabie, cette tour s'élève sur des rocs escarpés ; mais il est un amant qui, pour mériter un seul de tes baisers, gravirait l'inaccessible sommet d'Ararath (1), et croirait que ses précipices sombres et menaçans sont les sentiers du ciel s'ils le conduisaient auprès de toi !

Tu vois déjà écumer la vague sous sa rame impatiente ; tu entends le choc soudain de sa légère nacelle contre le rocher, et tu tends tes bras d'albâtre comme pour l'élever jusqu'à

---

(1) Cette montagne est généralement regardée comme inaccessible.

toi : ainsi jadis, au milieu des ténèbres de la nuit, ce héros à la chevelure d'argent (1), brûlant d'amour et d'intrépidité, escaladait la terrasse de sa maîtresse.... Rodahver, effrayée de sa témérité, lui abandonne les tresses de sa noire chevelure, et s'écrie en respirant à peine : « Mes bras t'attendent, cher amant ! » Avec la même audace que Zal, dans cette heure de danger et d'amour, le jeune homme parvient au balcon d'Hinda : voyez-le tel que le chevreuil agile de l'A-

(1) Dans un des livres du Shâh Mâmeh, lorsque Zal (héros de la Perse, célèbre par ses *cheveux blancs*) vient, pendant la nuit, escalader la terrasse de sa maîtresse Rodahver, elle lui tend sa chevelure pour l'aider à grimper. Il arrive cependant, d'une manière moins romantique, en fixant un crochet contre un avancement du mur. (*Voyez Chapion's Ferdozi*).

rabie (1), franchir sans crainte les rochers ; le voilà sur la terrasse de la jeune fille de l'émir.

Elle aime.... Mais elle ignore quel est celui qu'elle aime ; quelles sont sa patrie et sa famille. Cet amant inconnu disparaîtra-t-il soudain comme un de ces oiseaux sans nom que la brise parfumée du matin apporte des îles d'une mer lointaine dans un bocage de l'Inde, et qui montre son brillant plumage à nos yeux étonnés pour s'envoler aussitôt. Alla, daigne préserver Hinda d'une telle douleur ! L'astre des nuits l'éclaire comme lorsqu'elle vit, pour la première fois, son front radieux à travers le treillage de ce berceau où tous deux confondent leurs soupirs. Hinda chantait une ro-

(1) Il y a des chevreuils sur les hautes montagnes de l'Arabie. (*Niebhur.*)

mance sur son kanoun (1), lorsqu'en l'apercevant elle avait cru voir un génie de l'air qui, voyageant sur un rayon de la lune, s'arrêtait pour écouter sa voix solitaire. (Comment un mortel eût-il pu s'introduire dans ce lieu?) Cette idée n'avait jamais entièrement abandonné son imagination; en vain, revenue de sa terreur, elle reconnut un jeune mortel à ses pieds; quelquefois encore il lui est échappé des paroles si étranges; ses yeux noirs ont lancé des éclairs si perçans, qu'Hinda a craint d'avoir donné son cœur à un de ces esprits aériens, à un de ces anges chassés du

---

(1) Espèce de psaltérion, avec des cordes de boyaux; les dames en touchent dans le sérail, avec des écailles armées de pointes de coco. (Toderini, traduit par de Cournand.)

ciel ; tels que ceux qui brûlèrent jadis pour les filles des hommes, et abandonnèrent dans leur délire les honneurs de l'empyrée pour les yeux d'une beauté mortelle.

Tendre amante, ce n'est point un ange ni un génie qui s'est épris de tes grâces ingénues ; c'est un de ces fils passionnés de la terre, aussi ardens dans leur amour que terribles dans leur colère, et dont les feux brûlans de l'astre du jour semblent animer les cœurs.

Mais cette nuit, toute son ardeur paraît éteinte, son visage est pâle et son front attristé. Jamais, excepté dans ses songes, la jeune Arabe ne l'avait vu si abattu ; et c'était dans les songes d'un sommeil agité dont il est doux de s'arracher pour verser des larmes ; visions mélancoliques qu'on oublie difficilement, et qui affligent notre réveil comme les spectres qui laissent encore la terreur dans le lieu où ils nous ont apparu.

« Comme le sourire de la lune em- » bellit les ombrages de cette île ! » dit la jeune fille tremblante et effrayée du son de sa douce voix, après avoir long-temps contemplé en silence l'azur paisible des flots..... « souvent » dans les illusions de mes rêve- » ries, j'ai désiré que cette île eût des » ailes, et que, nous recevant dans ses » bocages enchanteurs, elle nous » transportât au milieu d'une mer in- » connue : là nous pourrions vivre, » aimer et mourir seuls, loin des » cœurs froids et cruels ; les anges » viendraient nous visiter, et admirer » cette solitude changée en paradis. » Dis-moi, ce désir est-il partagé par » toi ? »

Elle se tourne à ces mots, d'un air folâtre, pour faire remarquer à celui qu'elle aime le tendre sourire de ses lèvres; mais, étonnée de la tristesse de ses regards, elle cesse soudain de sourire et fond en larmes, en s'écriant : « Hélas ! oui, mes craintes, mes » songes ne m'ont que trop prédit la » vérité, nous allons nous dire adieu... » adieu pour toujours... et cette nuit ! » je le savais bien, que ce bonheur ne » pouvait être durable; bonheur cé» leste, tu n'es déjà plus !... C'est ainsi » que, depuis mon berceau, mes plus » douces espérances m'ont trompée » toujours. L'arbre ou la fleur que » j'aimais étaient toujours les premiers » flétris !

« Si je nourrissais une jeune ga» zelle aux yeux noirs et languissans, » aussitôt qu'elle commençait à me » connaître et à m'aimer, j'étais sûre » de la voir mourir. Aujourd'hui la » félicité la plus pure que mon cœur » eût jamais rêvée, c'était de te voir, » de t'entendre, de t'appeler du doux

» nom d'époux..... Faut-il encore être » privée de toi? Mais oui... abandonne-» moi ; nous ne ne nous voyons que » sur les bords d'un abîme..... ces ef-» frayans rochers... cette mer per-» fide.... non, non, ne reviens plus...., » te voir est pour moi un bonheur » divin, mais il peut t'en coûter la » vie ; adieu, étranger trop chéri, que » le ciel te protége en tous lieux ! » J'aime mieux rester seule sur cette » tour, et observer tristement les re-» flets argentés de la lune ; je préfère » te savoir en sûreté, quoique éloi-» gné de moi, que de te revoir au » prix du danger. »

« Du danger !... ah ! ne tente pas » ma fierté ! s'écria le jeune homme. » Tu ignores tout ce que peut oser » celui qui, né et nourri dans les sen-» tiers du danger, a bravé tous les » hasards, celui qui entend à chaque » heure du jour le signal des combats

» et de la mort retentir à son oreille, » et qui dort, sa tête appuyée sur » l'épée que sa main brûlante doît » saisir au reveil.... Du danger!.... »

« Grâces au ciel... tu ne connais donc pas la peur, et nous pourrons nous voir... nous voir souvent encore. »

« Cesse de me regarder ainsi.... Il n'est sous le ciel que ces yeux que je craigne. Si quelque chose était capable de détourner mon âme de son inévitable destinée, si quelque charme pouvait faire oublier à cette âme le serment qui l'enchaîne, ce ne serait que tes yeux; oui, tes yeux seuls pourraient lui faire trahir sa foi.... mais non, mon sort fatal est irrévocablement fixé. Nous ne nous verrons plus dans cette vie mortelle.... pourquoi le ciel a-t-il réuni deux cœurs que la terre a séparés aussi cruellement que les nôtres! O fille de l'Arabie! les génies de la lumière et ceux des ténèbres se mêleront ensemble avant que je puisse m'unir à toi ! Ton père !.... »

« Qu'Alla préserve ses cheveux blancs de ce regard aussi terrible que l'éclat qui précède la foudre ! Tu ne connais donc pas mon père !.... il aime les braves.... ; il n'est point sous les cieux de mortel qui rendrait hommage comme lui à ta noble intrépidité. Souvent, aux jours de mon enfance, j'ai joué avec le brillant cimeterre qui pendait à son côté ; je l'ai souvent entendu dire que sa fille serait un jour l'épouse d'un guerrier.

» Souvent encore, lorsque je vais lui offrir dans le harem le sorbet ou des fleurs, il répète, en souriant, qu'un héros sera seul son gendre ; les jeunes filles, dit-il, doivent être courtisées les armes à la main et obtenues au milieu des acclamations de la victoire. Pourquoi détournes-tu les yeux ?.... Tu peux seul intéresser le cœur de mon père et le mien.... : va donc...., marche sous ses étendards sacrés. Tu n'ignores pas la résistance impie de ces Persans.... Grands dieux ! quel regard terrible ?.... tu sembles brûler d'une ardeur au-dessus de celle d'un guerrier ! Rends-toi dans le camp à la première clarté de l'aurore ; et, lorsque le fer sortira du fourreau souviens-toi que l'amour et moi nous sommes tous deux tremblans à tes côtés. Qu'une victoire sur ces esclaves adorateurs du feu, ces Guèbres impies que mon père abhorre.... »

« Arrête, arrête, tes paroles me donnent la mort, s'écria le jeune homme en rejetant loin de lui son manteau, et laissant voir la ceinture d'un Guèbre (1). Regarde, fille d'Al Has-

(1) Les Guèbres mettent tant d'importance à leur ceinture, qu'ils n'osent jamais faire un pas sans l'avoir. (*Voyage de Grosc.*)

Le jeune homme nia d'abord la chose ;

san.... ; pleure...., rougis de voir en moi un de ceux que ton père abhorre. Oui...., je suis de cette race impie, de ces esclaves adorateurs du feu qui matin et soir saluent religieusement le trône de la divinité parmi les astres vivans du ciel (1); je suis un de ces proscrits fidèles à Iran et à la vengeance, qui maudissent le jour où vos Arabes vinrent profaner et détruire nos autels, et qui jurent, devant l'œil de feu du Très-Haut, de briser les chaînes de leur patrie ou de périr. Ton père persécuteur.... Ne tremble

---

mais, ayant été dépouillé de sa robe, la large ceinture qu'il portait comme Guèbre, etc., etc. (*D'Herbelot art agduani*).

(1) Ils supposent que le trône de l'Éternel est placé dans le soleil; et c'est de cette croyance que vient leur vénération pour cet astre. (*Hanway.*)

pas.... celui qui t'a donné le jour est aussi sacré pour moi que le lieu où brûle le feu objet de notre culte !

» Mais apprends que c'était lui que je cherchais lorque j'aperçus la lumière qui me guida vers cette tour. J'osai gravir ces rochers escarpés pour fondre sur ma proie.... Le reste t'est connu.... Je cherchais l'asile sanglant du vautour, je ne trouvai qu'une timide colombe. C'est toi qui triompha de mes projets.... C'est toi qui es coupable, si l'amour a soumis ce cœur qui ne devait penser qu'à la vengeance. Ah ! si nous ne nous étions jamais vus !... ou du moins pourquoi mon cœur ne peut-il oublier combien nous aurions pu être heureux si une destinée aussi terrible n'était pas entre toi et moi ; si tu étais née dans un vallon de la Perse ; si nos berceaux avaient été placés dans le même climat ; si nous avions passé ensemble nos jeunes années; si nous fléchissions le genou devant le même autel! ces liens invincibles, dans lesquels est le charme de la patrie, auraient chaque jour rapproché nos cœurs davantage; la cause d'Iran et la tienne se seraient confondues pour moi; les tendres soupirs de ton luth auraient réveillé dans mon âme le souvenir du passé; ton sourire eût été pour ton amant celui de la gloire. Ah! si le génie outragé de notre patrie t'eût rendue l'interprète de ses lois, grand Dieu! qui aurait pu résister à ce glaive tout puissant? sa lame étincelante eût été l'éclair de la victoire! Mais, hélas! étrangers l'un pour l'autre, désunis à jamais par la main d'un impitoyable destin, l'amour seul a pu nous rapprocher; notre foi, nos amis, notre patrie, nous font une loi de la haine; et pour être fidèles à l'amour, il nous faut haïr tout ce qui nous est cher.

» Ton père est l'ennemi d'Iran; toi-même, peut-être... Mais, non..., la haine n'eut jamais un regard si doux; non, jamais.... Tu aimeras la patrie de celui qui put tout oublier pour toi, excepté cette patrie outragée et sanglante. Lorsque d'autres verront, sans en être émus, ses veuves pleurer et ses guerriers périr, tu penseras au tendre amour d'un Guèbre et tu pleureras, à cause de lui, sur ses amis malheureux..; mais, regarde.. »

Il tressaille soudain, et montre dans l'éloignement une lumière blanchâtre qui, semblable aux lueurs des tombeaux, paraissait briller sur l'humide cercueil d'un nautonnier. Des traits enflammés s'élançaient, par intervalles, du milieu des ondes, comme si des étoiles tombantes eussent repris de nouveau leur essor vers le ciel.

» Regarde, dit-il, ce signal qui m'appelle.... Je vais te dire adieu..., nous nous perdons si je demeure. Adieu donc, ma bien-aimée ! c'est en vain que tu veux me retenir...., je cours à la vengeance !.... et je reviens à toi. »

Il s'arrache de ses bras, et sans s'arrêter, sans tourner la tête, il descend par le balcon, sur les rochers, comme s'il fuyait de l'amour à la mort.

La jeune Hinda, pâle, muette et immobile, entend mugir la vague sous un choc soudain; son effroi la rappelle à elle-même, elle vole au balcon, et s'écrie: « J'accours, j'accours; si les flots sont devenus ton tombeau, je veux y dormir à ton côté. Unie à toi par l'hymen glacé de la mort, je ne veux point d'autre couche nuptiale que la vague qui engloutit mon amant, plus heureuse de partager son trépas, que de vivre séparée de lui. »

Mais leur dernière heure n'est pas encore arrivée; la nacelle fend les ondes et transporte le Guèbre dans sa retraite inconnue. Elle vogue paisiblement, éclairée par la lune et poussée par un zéphyr propice, comme si elle s'éloignait sous les auspices du bonheur et ne laissait pas derrière elle un cœur au désespoir.

La princesse, dont le cœur était déjà assez mélancolique, eût bien désiré que Feramorz eût choisi une histoire moins triste : ce n'est que pour les cœurs heureux que les larmes sont une volupté! Mais les suivantes de Lalla Roukh furent charmées au contraire que le poëte célébrât encore des amans; car elles prétendaient que, lorsqu'il parlait de l'amour, sa voix était aussi douce que s'il eût passé sur ses lèvres les feuilles de l'arbre enchanté qui croît sur le tombeau du musicien *Tan-Sein*.

La caravane traversa, le jour suivant, une contrée aride et des plaines couvertes de petits joncs touffus, où, en plus d'un lieu, une canne de bambou, surmontée d'un petit drapeau blanc, était pour les voyageurs un indice redouté qui leur disait que, dans cette place même, un homme avait été la proie d'un tigre. Ce fut donc avec joie qu'ils arrivèrent au coucher du soleil dans un joli vallon, et qu'ils campèrent sous un de ces beaux arbres que leurs colonnes de feuillage et leurs branches courbées en voûtes semblent destiner à être les temples naturels de la religion. Des mains pieuses avaient élevé sous cet ombrage vénéré des piliers ornés de la plus belle porcelaine, qui servirent de miroir aux jeunes filles de la caravane pour ajuster leur cheveux, en descendant des palanquins. La princesse s'assit bientôt avec une curiosité inquiète ; et Fadladin se plaça à côté d'elle, dans une excellente disposition à critiquer.

Le jeune poëte s'appuya contre une branche de l'arbre (1), et continua son histoire :

LES ADORATEURS DU FEU.

(Seconde partie.)

L'aurore fait luire les premiers rayons du jour sur la mer Verte (2); sur les bocages de palmiers de Bahrein, et les vignes odoriférantes de Kish-

---

(1) L'arbre pagode (*Ficus indica*).

(2) Le golfe persique : « pêcher des perles dans la mer Verte, ou golfe persique. (*Sir Will. Jones.*)

ma (1). Les rivages de l'Arabie répandent au loin leurs parfums, pendant que les brises de l'Océan indien soufflent autour du cap sacré de Selema (2), et font onduler légèrement les vagues paisibles, sur lesquelles flottent des grappes de raisin, les fruits du cocotier, et des guirlandes de fleurs. Ce sont les offrandes que les navigateurs pieux qui passent près du promontoire font aux génies des ondes, pour leur demander un ciel pur et des vents propices.

C'est l'heure où le rossignol aban-

---

(1) Bahrein et Kishma, îles du golfe.

(2) Selama ou Selemeh. C'est le vrai nom du Promontoire qu'on trouve à l'entrée du golfe, et communément appelé cap Musseldom : « les Indiens qui naviguent dans ces parages, jettent dans la mer des cocos, des fruits ou des fleurs pour obtenir un heureux voyage. (*Moriel*).

donne les arbres touffus sur lesquels il a modulé ses chants mélodieux, dans la solitude silencieuse de la nuit. Il va se cacher à l'approche de l'étoile du matin parmi ces bocages de grenadiers, dont les feuilles sont couvertes des gouttes étincelantes d'une rosée si pure qu'elle ne souillerait point le cimeterre qu'on offre au jeune sultan qui monte sur le trône (1).

Mais déjà le soleil lui-même s'avance sur l'horizon, entouré de toute sa splendeur. Ange de lumière, depuis que les astres ont commencé leur marche sublime, tu fus proclamé le roi des cieux! Il fut un temps,

---

(1) En parlant du climat de Shiraz, Francklin dit : « La rosée est si pure, qu'on peut y exposer toute la nuit un cimeterre sans qu'il prenne aucune rouille. »

constellation admirable, où Iran, semblable à l'héliotrope, levait les yeux chaque jour pour saluer ton disque de feu. Alors, depuis les rives de Bendemire jusqu'aux forêts de Samarcande, tes autels couvraient toute l'Asie.... « Quelle main les a renversés ?..... » Demandez-le aux ombres de ceux qui, dans les plaines sanglantes de Cadessia (1), virent de féroces ennemis briser le riche diadème d'Iran, et charger de chaînes les descendans fidèles de Zoroastre. Demandez-le aux exilés qui errent sur les bords étrangers, sans amis, et inconnus, les uns au delà des portes de fer (2)

---

(1) C'est le lieu où les Persans furent définitivement battus par les Arabes, et où leur antique monarchie fut détruite.

(2) *Derbent*. Les turcs appellent cette ville Porte-de-Fer. Ce sont les *portæ caspiæ* des anciens.

de la mer Caspienne, les autres sur les montagnes qui élèvent leurs têtes couronnées de neige, loin de la belle contrée des dattes, loin de ses berceaux de jasmin, et de ses ruisseaux au doux murmure.

Plus heureux cependant ces bannis de vivre loin de leur terre natale, que de fouler aux pieds ce sol chéri, mais profané, et d'y fléchir la tête sous le joug d'un despote étranger! Oui, ils aiment mieux habiter dans le désert avec la liberté et leur Dieu, que d'imiter ces lâches esclaves qui ont renié la foi de leurs pères.

L'orgueil d'Iran est-il donc éteint pour toujours avec la flamme qui éclairait les temples de Mythra? Non, Iran a encore des fils généreux qui ne consentiront jamais à s'humilier sous les musulmans, tant que les astres brilleront dans le ciel, tant que la terre aura des tombeaux.

Ces cœurs de fer ne restent pas long-temps cachés, mais ils éclatent dès qu'un outrage les réveille. Les germes de la vengeance se développent sourdement en eux; mais bientôt, au milieu d'un calme trompeur, ils se montreront comme ce géant des palmiers de Zéilan (1), dont les fleurs s'ouvrent soudain avec un bruit qui fait trembler les jeunes arbrisseaux de la forêt.

Oui! cruel émir, si celui qui escalada cette tour que tu croyais inac-

---

(1) Le Talpot ou Talipot, ce beau palmier qui croît au milieu des forêts, peut être compté au nombre des plus grands arbres, et il devient plus élevé encore lorsqu'il est sur le point d'éclater par sa couronne terminale; l'espèce de graine qui enveloppe la fleur est très-large, et lorsqu'elle crève, l'explosion ressemble à un coup de canon.

cessible, était parvenu jusqu'à ton lit de repos, il t'aurait appris quel sommeil un Guèbre accorde à la tête d'un tyran ! C'est un de ces proscrits qui, tous braves comme lui, méprisent ton orgueil et celui de tes armées; ils savent que leur résistance est inutile; ils savent que s'ils brisent un anneau de leur chaîne, le fer meurtrier pénétrera dans leur sein; mais ils osent encore te défier, heureux d'être libres un moment, et de mourir en combattant pour la liberté. Ils ne te sont point inconnus! . . . . . Quelques mois se sont écoulés, digne satrape d'un prince persécuteur, depuis que tes soldats ont fait flotter leurs étendards de pourpre sur les rivages de la mer Verte. C'est là qu'aux portes de cette contrée dont tu oses te proclamer le maître, une vaillante troupe t'opposa une forêt de lances; c'est là qu'avant que les vents t'eussent conduit sur la côte, la rébellion te brava du rivage.

La rébellion ! mot infâme et déshonorant, qui souille la cause la plus sainte à laquelle les mortels consacrent leur éloquence et leur épée. Que de cœurs généreux, nés pour le bonheur des hommes, ont été flétris de ce nom odieux, lorsqu'un jour, un heure de succès leur eût acquis une éternelle gloire ! De même, les vapeurs qui s'exhalent de la terre sont-elles arrêtées dans leur essor, on les voit converties en sombres brouillards, et retomber dans les plaines : mais si elles peuvent étendre leurs ailes triomphantes au-dessus de la cime des monts, elles planent, confondues avec l'air pur des cieux, et brillent glorieuses autour du trône du soleil.

Quel est-il le héros qui leva l'étendard de la liberté sur les rivages du golfe Persique, et dont le cimeterre redouté jette des éclairs qui font pâlir les guerriers d'Yemen. Quel est-il celui qui marche au milieu des lances des audacieux habitans des montagnes de Kerman ? Fidèles jusqu'à la mort, ils ont juré de ne jamais abandonner la foi de leurs ancêtres, comme si ce Dieu dont les derniers regards dorent les hauteurs d'Iran, devait aussi recevoir les derniers hommages de ses adorateurs sur ces montagnes couronnées de frimats.

Ce héros, c'est Hafed !...... nom terrible qui glace de crainte ses ennemis, comme par un charme magique. Faites-leur entendre ce nom connu de tous, les plus braves trembleront aussitôt ?

C'est Hafed, le plus odieux, le plus cruel de tous les rebelles adorateurs du feu. Ainsi le disent les musulmans. Sa puissance fatale est le sujet de mille contes effrayans que répètent autour du feu de la garde, les soldats de l'émir; et plusieurs fois la sentinelle, cédant à une terreur involontaire, s'est caché les yeux sous son manteau, s'attendant à voir apparaître Hafed devant elle. C'est un homme qui, selon le vulgaire, est d'une origine extraordinaire, appartenant à la fois à la terre et au feu, et issu de ces anciens rois magiciens (1) qui portaient sur leurs casques enchantés un panache composé des plumes mystérieuses du terrible Simour. Les génies du feu gémissant de la dévastation

---

(1) Tahmuras et d'autres anciens rois de la Perse. Leurs aventures miraculeuses parmi les Péris et les Dives, se trouvent dans la curieuse dissertation de Richardson. Le griffon Simour, dit-on, s'arracha quelques plumes pour en former le panache du casque de Tahmuras, panache transmis à ses descendans.

de leurs autels et de la fin de leur règne, l'ont doué d'un talisman capable d'éteindre dans des flots de sang la lumière du prophète.

Tels sont les récits que la crédulité accueille avidement; tel est le portrait que l'imagination trace d'un chef jeune, ardent et valeureux; mais Hafed n'est qu'un mortel qui combat bravement pour la patrie qu'il aime, pour ses foyers et ses autels outragés. Son seul talisman, c'est son cimeterre. Son charme magique, c'est le mot *liberté*. Il est d'une race de héros qui se sont transmis un nom qui a rendu leur sang glorieux, comme on voit le ruisseau du mont Liban consacré par les cèdres saints dont ses rives sont ornées (1).

Hafed eut-il donc jamais pu fléchir

(1) Ce ruisseau, dit Dandini, est appelé le *ruisseau saint*, à cause des cèdres qui ombragent ses rives.

humblement le genou sous la tyrannie des musulmans, lui dont l'âme était formée sur le modèle des âges passés, lui, dont le patriotisme ne se nourrissait que de la gloire de ceux qui n'étaient plus? Destiné à faire le bonheur d'Iran, il était né au milieu des chaînes et des larmes; comment aurait-il pensé à augmenter le nombre de ces lâches esclaves qui s'humiliaient devant un turban, comme ces arbrisseaux que courbe le vent du désert? Hafed indigné avait fui la honte de sa patrie; chaque larme de ses frères de malheur tombait sur son âme comme un trait brûlant; et, tel qu'un amant qui reçoit avec transport le premier sourire de celle qu'il aime, Hafed vit luire avec enthousiasme l'éclair du premier glaive qui fut tiré du fourreau pour la vengeance et la liberté.

Mais la valeur fut malheureuse; et

l'élite des guerriers de Kerman, trahie par la fortune, ne put résister aux nombreuses phalanges d'Al Hassan. En vain furent-ils à sa rencontre sur le seuil de cette terre qu'il venait avec pompe usurper au nom d'Alla ; envain lui opposèrent-ils le rempart de leur corps ; contre chacune de leurs lances, mille brillaient autour du vainqueur. Chaque guerrier avait à combattre mille esclaves ; les troupes innombrables de l'émir, altérées de leur sang, les forcèrent de céder, comme on voit une forêt de dattiers renversée par des nuages de sauterelles.

Non loin de la baie brûlante de l'antique Harmozia, une énorme montagne s'avançait avec majesté dans la mer d'Oman. C'était un dernier et solitaire anneau de cette chaîne immense qui suit les rivages marécageux de la mer Caspienne, et vient se terminer, après de longs détours, au golfe Persique. Autour de sa base, on voyait d'arides rochers semblables à des géans nus placés dans la mer, pour en défendre l'approche. Sur la cime, qui bravait les cieux, un temple ruiné s'élevait à une telle hauteur, que souvent l'albatros endormi (1) frappait de son aile ces ruines bizarres, et s'éveillait en sursaut, étonné de rencontrer la demeure de l'homme dans les plaines silencieuses de l'air : au-dessous, d'horribles cavernes offraient un asile sombre aux vagues poursuivies par la tempête. Parfois l'écho de ces cavernes retentisssait d'un bruit si étrange et si majestueux, le crédule vulgaire parlait si souvent

---

(3) Ces oiseaux dorment dans l'air, ils sont très-commuus près du Cap de Bonne-Espérance.

des mauvais génies auxquels elles servaient de prison, que le musulman eût passé pour bien intrépide, qui eût osé, pendant l'heure du crépuscule, diriger son esquif sous le rocher solitaire des Guèbres.

Du côté de la terre, ces tours sublimes qui semblaient défier la main destructive du temps, étaient séparées de la demeure des hommes par un ravin si profond, si obscur et si effrayant, qu'aucun œil n'en pouvait mesurer le vide.... C'était un séjour où les Gholes pouvaient aller cacher les dépouilles qu'ils enlèvent à la tombe, et célébrer en sûreté leurs lugubres orgies. Le bruit de plusieurs torrens était comme la voix d'un tonnerre lointain ; on ignorait si c'était le mugissement des vagues qui luttaient contre la barrière des rochers ou des fleuves d'une flamme éternelle. Car chaque pointe rocailleuse de cette vaste montagne reposait sur un terrain volcanique (1); quoique Dieu ne fût plus adoré dans le feu sacré qu'on avait long-temps entretenu sur cet autel voisin des astres; quoique les prêtres eussent fui, la flamme éternelle continuait à circuler dans les canaux souterrains, et, quelles que fussent les vicissitudes de la fortune, constante, lumineuse et inextinguible comme le disque rayonnant du dieu du jour.

Ce fut là qu'après sa défaite, Hafed conduisit les débris de son armée.

« Salut! séjour terrible, dit-il, tes obscures ténèbres qui épouvanteraient Éblis lui-même, sont un paradis pour celui qui fuit l'esclavage! »

Ils traversèrent le ravin sur un

---

(1) Les Guèbres construisaient généralement leurs temples sous de faux souterrains.

pont étroit et sombre connu d'Hafed seul et de ses officiers, et ils atteignirent ces tours antiques. « Cette demeure, s'écrie Hafed, est du moins à nous. Ici nous pouvons étancher le sang de nos blessures, sans être raillés par les chants de triomphe des musulmans; ici nous pouvons succomber sans leur laisser fouler aux pieds nos membres palpitans, et si nous devenons sur ces rochers la proie des vautours, nous serons encore heureux d'expirer sans avoir nos tyrans pour témoins de nos derniers soupirs. »

Il était nuit lorsqu'ils pénétrèrent dans les tours, et la flamme incertaine qui s'échappait des ruines de l'autel, répandit une lueur lugubre sur le visage d'Hafed lorsqu'il ajouta :

« C'en est fait! Nous avons tenté tout ce que des mortels pouvaient oser. Que la Perse consente à voir d'un œil timide ses prêtres et ses guerriers obéir au sceptre d'un fanatique voluptueux qui peuple le ciel de ses passions, et fait de Dieu le chef d'un sérail ; que les fils d'Irán, que ces hommes d'antique race oublient que le sang de Zal et de Rustam (1) coule dans leurs veines, qu'ils flattent les usurpateurs, abandonnent le feu de Mythra..... Esclaves des ennemis d'Iran, qu'ils fléchissent les genoux devant de nouveaux autels! Les cris du désespoir de la patrie monteront vers les cieux; l'esclavage deviendra même trop vil pour être supporté par ces lâches apostats; enfin la honte, long-temps assoupie dans leurs cœurs,

---

(1) Anciens héros de la Perse. « Parmi les Guèbres il y a encore des descendans de Zam et de Rustam. » (*La Perse*, *par Stephens.*) Rustam est l'Hercule persán.

s'y réveillera comme une flamme brûlante, et le remords leur fera verser des larmes amères....

Mais ici du moins seront des bras libres, et des âmes que n'a jamais souillées l'esclavage; ces lieux n'ont pas été profanés par la présence d'un satrape; nous sommes en petit nombre il est vrai; bientôt le flambeau vacillant de notre vie va s'éteindre, mais il durera assez long-temps pour la vengeance. Tels que ces panthères qui, au coucher du soleil, sortent des forêts du Liban pour fondre sur les pirates, nous irons attaquer notre proie à l'improviste (1); et lorsque quelques-uns de ces vainqueurs arrogans auront reçu les derniers adieux

(1) Voyez le voyage de Russel et la description qu'il fait de ces panthères du mont Liban qui attaquent pendant la nuit les voyageurs sur le rivage de la mer.

de nos cimeterres; lorsque toute espérance sera perdue pour nous, et que le désespoir lui-même ne pourra plus nous guider, ce séjour sera le tombeau sacré des derniers braves qui, trompés dans leur courage, mourront pour la patrie qu'ils ne peuvent sauver! »

Ses capitaines l'entourent; chacun a déposé son glaive étincelant sur l'autel en ruines. Ces cours spacieuses où jadis s'assemblaient les princes d'Iran, sont devenues une vaste solitude; ces tours démolies ne sont plus le lieu du banquet de fleurs et de fruits qu'offraient jadis les mages aux ombres errantes des morts (1). Aucun ministre

(1) Entre autres cérémonies, les mages plaçaient sur le sommet des hautes tours toutes sortes de viandes dont ils disaient que se nourrissaient les Péris et les âmes de leurs héros. (*Richardson*.)

du culte du feu n'est là pour célébrer ses divins mystères, distribuer la feuille magique du grenadier (1), chanter l'hymne religieux, parfumer l'air avec l'encensoir, et montrer aux enfans de Zoroastre le symbole de l'astre qu'ils révèrent (2). Cependant le même dieu qui écoutait leurs pères les entendit, lorsqu'ils jurèrent sur

---

(1) Dans les cérémonies des Guèbres décrites par Lord, il est dit que le *Darou* leur donne de l'eau à boire et une feuille de grenadier à mâcher pour les laver de toute souillure intérieure.

(2) De bon matin ils (les Perses ou Guèbres d'Oulam) vont en foule adresser leurs prières à leur dieu. Sur tous les autels sont des sphères consacrées au soleil, ouvrages magiques qui représentent le disque de cet astre. Lorsque le jour paraît, ces sphères s'enflamment et tournent avec un grand bruit. Les mages portent tous un encensoir, et offrent de l'encens au soleil. (*Babbin Benjamin.*)

l'autel du feu, que le dernier devoir des braves qui survivaient pour la vengeance, serait de mourir sur cette montagne sainte au nom d'Iran outragée, et que ce temple que n'avaient pas encore profané les soldats de l'émir, serait le tombeau des cœurs fidèles à la patrie!

Guerriers vaillans et malheureux, ils ignoraient combien de larmes leur destinée arrachait à une tendre beauté, à une ennemie compatissante à qui l'amour avait appris à gémir sur les infortunes des opprimés; son cœur s'ignorait lui-même dans son innocence, et dormait comme un lac paisible lorsque l'amour y laissa tomber son talisman, et fit épanouir en cercles tremblans ses ondes immobiles. Jadis la fille de l'émir, indifférente au milieu du carnage, portait toujours le sourire sur ses lèvres vermeilles, telle que le lis de la Perse qui entr'ouvre ses fleurs virginales sur un champ de bataille avant que la pluie sanglante de la guerre ait terni ses brillantes couleurs. Dans la paix de son âme, Hinda inattentive écoutait sans terreur, et sans émotion, le récit des exploits de son père; tous ses vœux étaient pour la vie de l'auteur de ses jours; souvent, lorsque l'émir traversait avec l'impétuosité de la fureur les appartemens de son harem, il a maudit la mélodie de sa douce voix: c'était pour lui comme les accords célestes que le luth d'un ange qui passe près de l'enfer, fait entendre aux réprouvés.

L'amour a bien changé cette vierge paisible; son âme est toute de feu, la tristesse est peinte sur son front. Il n'est plus qu'une seule pensée qui l'occupe sans cesse jusqu'à exciter son délire; elle répète souvent les derniers mots de celui qu'elle aime; « à cause de moi tu plaindras mes amis malheureux. » C'est avec amertume que chaque jour de carnage, elle pleure son amant dans tous les Guèbres dont le fer musulman tranche la vie. Il n'est point de cimeterre qui frappe sa vue qu'elle ne le croie teint d'un sang chéri ; elle ne voit pas une flèche traverser les airs, sans penser qu'elle va frapper le cœur de l'objet de sa tendre inquiétude. Elle a cessé d'aller, d'un pas léger ; porter à l'émir son redoutable cimeterre pour l'heure du combat ; et s'il eût été plus clairvoyant, si les nuages qui s'élèvent toujours du cœur d'un prince cruel, n'avaient obscurci sa vue, Al Hassan aurait observé la terreur de sa fille, lorsqu'il revenait des champs de bataille ; sa voix entrecoupée...... ses regards effarés.... tout son aspect enfin lui eût dit que l'amour avait opéré de grands changemens dans la timide Hinda.

Hélas ! ce n'était point cet amour qui aurait dû faire la félicité d'un cœur si jeune et si pur ; ce n'était point cet amour tendre, heureux et sans déguisement, ni contrainte, auquel le ciel sourit, que le monde approuve, et qui, né sous les auspices de l'amitié dans la maison paternelle, réunit tous les liens les plus doux du cœur. Non, Hinda ! non ta flamme fatale est nourrie par le silence, la tristesse et la honte. Cette passion, privée de l'espérance et du plaisir, est ensevelie dans le fond de ton âme, comme un trésor mal acquis qu'on dérobe à tous les yeux ; telle est aussi une idole sans autel et sans nom, que celui qui l'adore prie pendant les ténèbres, redoutant d'indiscrets témoins.

Sept fois la nuit avait étendu ses voiles sombres sur la mer d'Oman, depuis qu'Hinda avait vu, à la clarté des pâles rayons de la lune, son Guèbre chéri s'éloigner rapidement dans son léger esquif. Elle va toutes les nuits pleurer seule sur le balcon élevé, et regarde si elle n'aperçoit point, au milieu des flots, celui dont le sourire lui a coûté ses premières larmes; mais c'est en vain qu'elle regarda et qu'elle pleura, elle ne revit plus la nacelle, objet de ses désirs. Le cri du hibou solitaire, le faucon nocturne, et souvent l'odieux oiseau qui, enivré du sang des cadavres, frappe l'air d'une aile fatiguée, troublaient seuls sa mélancolie rêveuse.

La huitième aurore se lève.... Le front d'Al Hassan brille d'une joie inaccoutumée...... Quelle fatale nouvelle réjouit donc celui que la destruction seule fait sourire? La flamme qui luit sur les mers d'Herkend (1), au milieu d'une nuit d'orage, ne prédit pas plus sûrement le naufrage et la mort que le front riant de l'émir.

« Lève-toi, ma fille, dit-il, lève-toi, la voix sonore du kerna (2) qui vient de retentir, serait capable de réveiller l'habitant de la tombe, et tu dors!.... Lève-toi, ma fille, et salue ce jour heureux pour le ciel et pour ton père.... Jamais le sang des infidèles n'aura coulé comme aujourd'hui en torrens rapides dans la mer

---

(1) On observe que, lorsque la mer d'Herkend est agitée par la tempête, elle étincelle comme le feu. (*Voyage de deux Mahométans.*)

(2) Espèce de trompette. (Elle était en usage dans les armées de Tamerlan : on dit que le son en est vraiment terrible, et qu'il se fait entendre à la distance de plusieurs milles. (*Richardson.*)

d'Oman. Avant qu'une autre aurore ait lui sur la terre, sa tête et son cœur seront à moi. Cette nuit même, avant mon sommeil, je tremperai mes mains dans son sang. » — « Dans son sang! » dit Hinda d'une voix éteinte.... Son âme ne voyait partout que son amant. — « Oui, en dépit de ses ravins et de ses tours, Hafed est à nous cette nuit. La trahison nous le livre. Sans elle les liens maudits qui unissent entre eux ces esclaves sacriléges, braveraient même le bras tout-puissant d'Alla. Ce rebelle, dont le cimeterre a embarrassé ma marche par des monceaux de cadavres; ce mauvais génie, dont le talisman eût fait reculer devant lui les glaives du ciel, il apprendra cette nuit les coups que peut porter le cimeterre d'un Arabe, lorsque Dieu et la vengeance guident son bras.... Divin prophète!... Par cette couronne sainte qui te ceignait le front dans les champs ensanglantés d'Ohod (1), je jure que chaque sanglot que j'arracherai du cœur désespéré de ces infidèles te sera payé avec un diamant des mines de la Perse que je t'offrirai sur le plus auguste de tes autels! Mais que vois-je?.... Ma fille s'évanouit... Que veut dire ce regard effaré?.... ces lèvres livides... Ma fille! ma fille! cette vie de carnage ne te convient pas, tu retourneras dans l'Arabie. Je n'eusse jamais exposé ton sexe timide dans des lieux que l'homme lui-même redouterait, si je n'avais cru parcourir les plaines de la Perse en foulant aux pieds tous ses enfans humblement

---

(1) Mahomet avait deux casques, l'un intérieur, l'autre extérieur : c'est ce dernier appelé *al maivashah*, le bandeau, la couronne qu'il portait à la bataille d'Ohöd.

prosternés !... Et cette race maudite ose tirer le glaive du fourreau !.... Mais rassure-toi, ma fille.... Le vent qui rafraîchit ton front brûlant te transportera aujourd'hui même loin de ce rivage ; et, avant qu'il soit versé une goutte du sang qui doit couler dans cette nuit de dangers, tu apercevras déjà les bocages chéris de l'Arabie !. »

Il n'était que trop vrai ! L'émir ne se flattait pas d'une vaine espérance : parmi le petit nombre d'amis fidèles que l'œil d'aigle d'Hafed comptait autour de lui dans la montagne du feu, qui eût pu le croire? un lâche trahit au prix de l'or le sentier secret qui conduisait dans les ténèbres du ravin jusqu'à ces tours, dernier asile de la liberté. Laissé sur le champ de bataille dans une sortie où les Guèbres désespérés avaient eu la fortune contre eux, ce misérable n'était point mort avec les braves. Le soleil, qui aurait dû éclairer son tombeau, le vit perfide apostat. Pendant que ses compagnons, de retour dans leur forteresse, le pleuraient, comme s'il eût partagé le glorieux trépas de ceux qu'ils avaient laissés sur le lit de repos de la gloire, il vivait, et à la face de l'astre du jour il trahissait sa foi et l'amitié malheureuse.

Dans quelle langue peut-on assez maudire l'esclave dont la perfidie, comme un fléau fatal, déjoue les conseils des braves, et les arrête aux plus beaux jours de leurs triomphes? Que la coupe de la vie soit pour lui remplie jusqu'aux bords de noires trahisons, d'espérances trompeuses et de plaisirs qui s'évanouissent lorsqu'il voudra l'approcher de ses lèvres funestes! — Qu'elle soit pour lui comme ces fruits du lac Asphalte, qui n'offrent que des cendres aux voyageurs altérés! Maudit de sa patrie, la honte de ses enfans, qu'il soit repoussé par la vertu, la paix et la gloire, et qu'il aille expirer dans les agonies d'une soif dévorante sur le sable aride du désert! Là, des lacs sembleront s'approcher de lui pour désaltérer son gosier desséché, et s'évanouiront soudain comme les fausses espérances de gloire qu'il a données lui-même. Et lorsque son âme réprouvée quittera son enveloppe mortelle, condamne-la, divin prophète, à demeurer en vue du paradis... qu'il aperçoive le ciel et éprouve tous les tourmens de l'enfer.

Pendant la nuit, Lalla-Roukh avait eu un songe qui, malgré les malheurs qui menaçaient Hafed, rendit son cœur plus gai qu'à l'ordinaire, et donna à son visage l'expression animée d'une fleur sur laquelle le bid-musk vient de passer.

Elle croyait traverser cet océan des Indes, où les Biajous, nation errante qui passe sa vie sur les ondes, jouissent d'un printemps perpétuel en allant d'une île à l'autre. Elle vit soudain approcher une petite barque dorée, semblable à celle que les insulaires des Maldives livrent chaque année à la merci des vents et des vagues, chargée de parfums, de fleurs et de bois odoriférans, comme une offrande faite à cet esprit qu'ils appellent le roi de la mer. D'abord cette barque paraissait pleine; mais quand elle la vit de plus près....

La princesse en était là de la relation de son rêve lorsque Féramorz parut à l'entrée du pavillon, sa présence fit naturellement tout oublier, excepté son histoire dont la continuation fut à l'instant demandée d'une voix unanime. On remit dans les cassolettes du bois d'aloès ; on distribua promptement les sorbets de violette, et après avoir préludé avec son luth sur le mode pathétique de Nava, dont on se sert toujours pour exprimer les lamentations de l'absence, le poëte reprit son récit en ces termes :

LES ADORATEURS DU FEU.

(Troisième partie.)

Le jour s'obscurcit... les vents dorment encore sur les vagues sombres et menaçantes : de noires vapeurs s'amoncèlent dans les airs, et se dispersant soudain, semblent être les débris de la voûte des cieux. Il n'est pas un nuage dans la plaine azurée qui n'annonce l'orage. L'un flotte au gré des vents comme la crinière d'un coursier; l'autre roule en masses obscures, fier de recéler la foudre dans son sein; il en est déjà qui se déchirent et s'entr'ouvrent pour se fondre en pluie abondante, et préparer la route à l'ouragan.

Tout est calme encore sur la terre; partout règne un silence profond, terrible et plus solennel que la voix retentissante de la tempête. Le pêcheur se retire sous les bocages d'Ormus, et amarre son esquif jusqu'à des heures plus sûres. Les oiseaux de mer volent vers le rivage avec un cri de sinistre augure.

Le pilote arrêté sur la plage avait souvent tourné des yeux inquiets vers le firmament; tout présageait les ténèbres et la terreur à son âme, lorsque Hinda descendit dans le navire qui devait l'éloigner des côtes de la Perse:

aucune musique (1) n'accompagna les mouvemens de la rame, aucun ami resté sur le rivage ne lui tendit de loin une main affectueuse, en lui criant un dernier adieu. Le vaisseau solitaire fendit lentement les ondes, comme une barque malheureuse qui traverse en silence le détroit des Larmes (1).

Où est donc le farouche Al Hassan? Cet émir fanatique et cruel ne peut-

---

(1) Les Orientaux s'embarquent toujours au son de la musique.

(2) Le détroit des Larmes est ce passage de la Mer-Noire, vulgairement appelé Babel-Mandel. Ce nom lui fut donné par les anciens Arabes, à cause des dangers qu'y courent les navigateurs, et des fréquens naufrages qui l'ont rendu fameux. Aussi regardaient-il comme morts tous ceux qui étaient assez hardis pour se rendre par ce détroit dans la mer d'Éthiopie. (*Richardson.*)

il oublier un moment son Koran et le carnage, pour venir dire adieu à sa fille? Non. — Enfermé dans son palais, il passe tour à tour de la prière à la pensée de sa vengeance, et rêve dans sa sombre solitude à la nuit sanglante qui s'approche. Il croit voir déjà ses ennemis expirans, tel qu'un vautour qui sent de loin sa proie lorsqu'une victime rend le dernier soupir (1). Cependant sa fille éplorée quitte ces lieux, théâtre des horreurs de la guerre; semblable à une jeune colombe de Babylone, messagère de la victoire, qui fuit dans sa terre natale, les ailes souillées, hélas! par

---

(1) On m'a dit qu'en quelque lieu qu'un animal tombe mort, un ou plusieurs vautours qu'on n'avait pas encore aperçus accourent soudain. (*Pennant.*)

les mains sanglantes qui lui rendent la liberté (1).

La pensée de cette patrie, quittée depuis long-temps, ne ramène-t-elle pas la joie dans les yeux d'Hinda? Elle va revoir les fleurs qu'elle cultivait de ses mains.....; ses bosquets chéris où souvent son âme s'égarait dans ses songes; ses gazelles qui viendront au-devant d'elle avec leurs clochettes d'argent; ses oiseaux dont elle admirait le riche plumage; ses joyeux poissons qui embellissent leur bassin de jaspe, et qu'elle a marqués d'un filet d'or (2) : elle ira prier encore

---

(1) Ils attachent un billet aux ailes d'un pigeon de Bagdad ou de Babylone. (*Voyage des Anglais*, etc.)

(2) L'impératrice, femme de Jehan Guire, s'amusait à nourrir de petits poissons dans son bassin, et souvent, après des années,

dans la petite mosquée située au milieu de son jardin; chaque soir elle pourra promener ses jolis doigts autour des rubis de son rosaire, sous un berceau d'acacias. Ces plaisirs qui l'attendent ne la font-ils pas sourire d'espérance? Non : elle s'éloigne de sa suite, triste et muette, comme si elle avait le pressentiment de sa destinée; elle se tient à l'écart, belle encore malgré sa mélancolie, et ressemblant à l'ange pâle de la tombe. Tout à coup elle frémit en reconnaissant au milieu des vagues écumeuses ces tours où, dans quelques heures, le sang va couler en torrens, et fumer encore comme un encens impur aux premiers rayons du soleil.

« Où es-tu, vaillant inconnu? dit-

---

elle en reconnaissait qu'elle avait fait marquer avec de petits fils d'or. (*Hariss.*)

elle : amant chéri et malheureux, où es-tu ? Ennemi..... Guèbre..... Infidèle, quel que soit le nom profane que tu sois condamné à porter, tu es encore digne de gloire..... et tu vivras à jamais dans ce cœur qui t'adore..... Oui..... Alla..... Terrible Alla..... Oui ! Si je suis coupable, si c'est un crime..... que les sombres vagues qui nous entourent m'engloutissent à l'heure même, avant que mon âme oublie ma foi, ma patrie, mon père, tout enfin, avant qu'elle se dévoue à son idole terrestre et la préfère à toi-même...... Oui ! mon amour est si violent, que ton paradis même serait pour moi un lieu d'exil, si celui que j'aime ne le partageait avec moi ! »

Ses mains sont croisées sur son cœur..... Ses yeux tournés vers le ciel versent des larmes pures comme la rosée des astres ; et, quoique ses lèvres brûlantes prononcent dans son tendre délire les paroles d'un amour téméraire et profane, une clarté divine brille encore sur son front et dans ses yeux obscurcis; son âme s'égare vers la terre, mais sa véritable patrie est toujours dans le ciel : oui, une âme aussi pure que la sienne l'est encore même dans ses erreurs, comme les rayons du soleil, qui, brisés dans l'onde d'un fleuve, s'écartent de leur route sans cesser d'émaner de l'astre du jour.

Le cœur d'Hinda était si profondément absorbé dans une seule pensée, qu'elle n'aperçut pas la naissance de l'orage et la vague qui, en s'élevant, couvrait le navire d'une nuit passagère; elle n'entendit point les clameurs fréquentes, un bruit de pas précipités au-dessus de sa tête, le cliquetis des armes et les cris de fureur qui semblaient le disputer à la voix effrayante des tempêtes. Mais pourquoi ce cri de guerre qui retentit soudain sur le tillac? D'où viennent ce choc semblable au craquement d'un vaisseau qui va s'engloutir, et ces gémissemens des Islamites au désespoir? Dieu miséricordieux! ce n'est plus l'orage seul qui gronde, quoique le navire ait frémi comme s'il avait été assailli par une vague énorme. « Ayez pitié de moi! grand Dieu! » s'écrie la jeune Arabe en se jetant à genoux, et tremblante comme si l'heure du jugement venait de sonner. Ses suivantes, à demi mortes de crainte, se prosternent à ses côtés. Mais, ô terreur! encore un choc! un troisième! Et comme si un coup de tonnerre avait brisé les planches du navire, le tillac s'écroule.,... et le sang, les vagues, les agrès, les glaives et les hommes tombent confusément par cette ouverture... Quelques-uns combattent encore en expirant, d'autres crient : « Pour Iran et pour Dieu. »

Quelle main détourna de la tête d'Hinda les périls de ce combat féroce, et vint l'arracher respirant à peine au naufrage et à la mort ? Elle l'ignorait elle-même. Un froid mortel la saisit, elle s'évanouit au milieu du désordre de ce moment fatal, semblable à une fleur pâle et flétrie sous la pluie brûlante d'un volcan.

Mais, avant qu'elle eût perdu ses sens, quel affreux spectacle, quels sons de mort épouvantèrent son âme timide ! Elle a vu le tillac céder et s'entr'ouvrir, et les soldats s'égorger encore sur les planches chancelantes... Les voiles en lambeaux flottent sur la tête des combattans, comme des étendards ensanglantés ; les cimeterres se croisent, et l'éclair qui vient se réfléchir sur leurs lames les fait ressembler à des traits enflammés (1). On eût dit que les élémens et l'homme étaient animés d'une même fureur.

Un moment aussi. . . mais non. . . ce ne pouvait être. . . . . et Hinda pensa que c'était une illusion. Un moment. . . . Ses yeux près de s'éteindre crurent voir sur le tillac ce héros chéri, divinisé par son âme : au milieu de la tempête et du fracas de l'action, il brillait parmi les combattans, comme, dans une nuit sombre, l'étoile de l'Égypte (2), dont l'auguste lumière n'a jamais éclairé les habitans des blanches îles de l'ouest (3), fait apparaître sa flamme

---

(1) Météores que Pline appelle *Faces*.

(2) Le brillant Canopus invisible dans les climats européens.

(3) Voyez Wilford dans ses savans essais sur les îles sacrées de l'ouest.

rayonnante, et éclipse tous les météores du ciel !

Mais non. . . . . ce ne fut sans doute que le rêve d'un moment, qu'un fantôme de son imagination ; et avant que le cri qu'elle proféra eût dépassé ses lèvres décolorées, une faiblesse mortelle et la suspension du sentiment de la vie répandirent autour d'Hinda d'obscures ténèbres.

Combien est doux le retour du calme après les fureurs de la tempête ! Lorsque la guerre des vents a cessé, et que le sourire du soleil dissipant les nuages, rend à la mer et à la terre tous les charmes brillans du repos : le jour semble renaître dans les bras d'une nouvelle aurore ; les fleurs légères qu'a maltraitées et dispersées l'orage, relèvent leurs têtes au milieu de l'air pur qu'elles embaument avec reconnaissance de leurs précieux parfums ; chaque goutte d'eau laissée par la pluie sur le gazon et sur les arbrisseaux étincelle au loin comme cette perle radieuse dont la flamme liquide est le produit des éclairs (1) ; mille zéphyrs confondent leurs aimables haleines chargées de mille parfums différens ; comme si chaque fleur avait une brise docile pour veiller sur elle seule et répandre au loin ses émanations odorantes. L'Océan se balance à peine dans une douce ondulation ; le manteau d'azur de ses vagues resplendit des rayons du soleil, et l'oscillation qu'y laisse la tempête

---

(1) Pierre précieuse des Indes, appelée Céraunium, parce que les anciens croyaient qu'on la trouvait aux lieux où le tonnerre était tombé. Tertullien dit qu'elle brille comme si elle contenait une flamme intérieure. Selon l'auteur de la dissertation sur les voyages d'Harris, ce serait l'opale.

ressemble aux palpitations silencieuses d'un jeune cœur qui vient d'être initié aux félicités mystérieuses de l'amour.

Tel était le tableau charmant qu'offrait la nature lorsqu'Hinda se réveilla de son long évanouissement, et n'entendit autour d'elle d'autre bruit que le frémissement des ondes que sillonnait la proue glissante du navire. Mais où est-elle ?.... ses yeux sont encore obscurcis et égarés..... Est-ce le même navire dans lequel elle a quitté ce matin la baie d'Harmozia, et qui a été escorté par l'orage ? non, ses yeux surpris ne rencontrent rien que de nouveau et d'étrange. Elle se voit sur le tillac d'une galiote ; elle n'est plus sous la voûte d'un riche pavillon ; un éventail de plumes rares ne rafraîchit plus l'air autour d'elle ; des fleurs de jasmin n'ombragent plus son coussin de soie. Des vêtemens guerriers étendus sur les planches forment son lit grossier ; des schalls et des ceintures suspendus sur des lances, telle est la tente qui lui sert d'abri. Elle porte autour d'elle des regards tremblans : un groupe de guerriers se repose, aux rayons du soleil, des fatigues du combat. Les uns contemplent les ondes paisibles, et restent plongés dans une rêverie silencieuse ; les autres, qui semblent contrariés par le calme, tournent souvent un œil impatient vers la voile qui s'abaisse autour du mât.

Grand Dieu ! qui viendra maintenant à son secours ? Parmi cette troupe de guerriers, Hinda ne voit pas un seul cimeterre arabe ; un seul front couvert du turban qui distingue de l'infidèle l'habitant de sa terre natale. Leur costume.... la ceinture de cuir (1) qui serre leur veste jaune (2), couleur des rebelles, la laine de leurs bonnets tartares (3)..... oui, oui, ses craintes ne sont que trop fondées.... le ciel, dans cette heure terrible, l'a livrée au pouvoir d'Hafed, d'Hafed le Guèbre ! A cette pensée, son sang se glace dans son cœur : c'est ce même Hafed que son père lui apprenait chaque jour à abhorrer comme un mauvais génie, comme un envoyé sinistre de l'enfer, venu sur la terre pour y verser les malédictions, et interposer son ombre entre l'homme et Dieu.... Voilà celui dont elle est la captive;

---

(1) D'Herbelot, art. Agduani.

(2) Les Guèbres sont reconnus à la couleur d'un jaune foncé qu'ils adoptent pour leurs habits.

(3) Le kolah ou bonnet que portent les Persans, est fait avec la peau des moutons de Tartarie. (*Waring.*)

entre les mains de qui elle est tombée vivante et seule !... c'est sa troupe furieuse qu'elle voit, troupe d'infidèles et d'ennemis !

Quelle était donc l'espérance qui vint luire à son cœur, lorsqu'elle osa, avec un courage que lui donnait le désespoir, promener sur cette troupe armée un regard si fier et si pénétrant, que le plus farouche de ces Guèbres en baissa les yeux avec crainte, comme s'il eût deviné quel était celui que ce regard appelait? Mais elle ne le voit point... il a disparu... c'est une vision qui l'a séduite au milieu des terreurs que lui causaient le carnage et la tempête. Ce n'était qu'une ombre, un de ces nuages moitié lumière et moitié ténèbres qui voltigent autour de nous, et que l'imagination peint de ses propres couleurs dans le sommeil ou dans le délire !

Cependant le navire glisse plus ra-

pidement sur les vagues azurées.....
L'équipage est en mouvement.......
Les rames légères font jaillir l'écume sur le miroir paisible de l'Océan....
Hinda voit..... et ce n'est pas sans horreur..... qu'on se dirige vers la terrible montagne, vers ces tours qui la font frissonner, et où les sacriléges ennemis du prophète, tels que des reptiles venimeux, sont retranchés dans leur dernier repaire, entre les flots et le rivage que dorent les rayons du soleil; la montagne reste seule plongée dans une sombre nuit: cependant sur son âpre sommét brille un nuage de pourpre, comme si les bannières de la destinée s'y étaient arrêtées pour marquer le lieu où la mort va triompher bientôt.

Si Hinda, dans ce moment d'effroi, avait pu recueillir ses pensées, elle aurait été surprise que des mortels osassent escalader une telle montagne; car les Arabes n'avaient jamais entendu parler que du sentier du ravin.

Mais la terreur absorba toute son âme, lorsqu'elle sentit que les vagues entraînaient le navire vers ces sombres souterrains qui se perdaient sous la masse volcanique de la montagne... Une voix sonore commande d'abaisser le mât et d'allumer les flambeaux; soudain la galiote est poussée par la vague mugissante dans une caverne aussi ténébreuse que ce porche éternel où passent les âmes des morts. A peine si la flamme incertaine des torches éclaire les ondes bouillonnantes. Tout l'équipage garde le silence, n'osant faire entendre sa voix dans ce séjour obscur où chaque son est répété si tristement, qu'il semblerait que l'écho lugubre confie aux vagues quelque secret de la tombe!

Mais le navire s'arrête..... le courant revient sur lui-même. Une barrière insurmontable et invisible repousse l'onde indignée qui recule en écumant, et la force redoublée des rameurs a peine à dompter l'impétuosité de ce tournant ; tout à coup un Guèbre intrépide s'est élancé sur les rochers ; on lui jette la chaîne, et la galiote est amarrée.

Ce fut dans ce moment qu'un rayon tremblant du jour vint percer les ténèbres; mais avant que la fille de l'émir pût reconnaître d'où partait cette clarté soudaine, elle sentit, non sans frissonner, une main invisible qui fixa un bandeau sur ses yeux brûlans. La litière sur laquelle elle était étendue, est emportée par les Guèbres le long de ces rochers sauvages.

Salut, divine lumière du soleil! jour créateur, tu es la vie de la nature! Te sentir est un bonheur si doux, que ce monde n'aurait-il que la volupté d'un jour pur, il en coûterait encore à l'homme de le quitter pour les froides ténèbres du tombeau ! Hinda elle-même, quoiqu'elle ne pût voir où conduisait cette route périlleuse, Hinda reconnut à l'impression nouvelle de l'air qu'elle respirait, qu'ils étaient sortis de ces sombres cavernes, et que le soleil l'éclairait de ses rayons bienfaisans.

Mais bientôt à cette douce fraîcheur succède une vapeur humide; car le labyrinthe de la montagne les conduit dans un passage sombre, où le froissement des broussailles et la chûte des débrisqui se détachent du rocher réveillent le léopard. Dans sa voracité, il prend pour une proie chaque pierre roulante et la poursuit de précipice en précipice. Le cri du chacal.... le gémissement lointain de l'hyène féroce et solitaire.... et ce murmure éternel et terrible des torrens du ravin, qui semblent le mugissement de l'abîme sur lequel est placé le pont de la mort,... tout épouvante Hinda... Ce serait une douceur pour elle de contempler ce qu'elle entend ; car il n'est point de fantôme si effrayant, que l'imagination au milieu des ténèbres et d'un bruit semblable ne le rende encore plus hideux.

Mais est-ce un prestige? La peur aurait-elle encore une fois égaré son âme ?... est-ce une voix chérie qui lui dit tout bas : Cesse de trembler, ma bien-aimée ; ton Guèbre est près de toi. » Non ce n'est point un rêve... son oreille ne la trompe point : ces mots : « ton Guèbre est près de toi », c'est bien lui qui les a prononcés. Il n'est point dans tout l'univers une voix semblable, une voix si douce, si tendre, si éloquente ! Ah! plutôt, la rose de mai méconnaîtrait son rossignol, et ouvrirait aux chants d'un autre ménestrel du bocage le voile de pourpre de son sein (1). Mais la voix, le souffle de ce qu'il aime, e peuvent être méconnus de l'a-our. Hinda est heureuse au mi-ieu de ses malheurs, de sentir son ien-aimé près d'elle ; son sourire eçu sur le bord de la tombe, lui ren-rait la mort chère ! Mais bientôt un iste souvenir vient dissiper ce pre-ier ravissement. Comment l'impi-oyable Hafed souffrira-t-il qu'un Guè-re regarde sans la maudire une jeune lle d'Arabie, une musulmane, un fant de cet émir dont la bannière nglante a été plantée sur les ruines e ses autels, et qui a fait un désert es plaines fertiles de la Perse ?

(1) Image qui revient souvent chez les oëtes orientaux. « Les rossignols modulè-cnt leurs chants harmonieux et brisèrent les oiles légers des boutons de rose. » (*Jami.*)

Hinda frémit surtout en pensant à la nuit qui s'approche. Ah ! qui pourrait arrêter ou détourner le glaive qui s'est une fois plongé dans le cœur des Persans ? Quel bras pourrait protéger la victime ? quel bouclier pourrait défendre son amant des coups de son père ?

« Conserve-le, ô mon Dieu, dit-elle au fond de son âme ; conserve-le cette nuit ! Si jamais tu vis avec plaisir les larmes du criminel repentant et le sacrifice de son cœur, conserve-le cette nuit, et je jure devant ton trône d'arracher de mon cœur l'amour, l'espérance et le souvenir de ce que j'aime, quoique ces sentimens soient unis en moi à tous les soutiens de la vie. Qu'il vive ! ces larmes brûlantes qui n'ont coulé que trop pour lui, ces soupirs si doux et si coupables ne s'adresseront plus qu'au ciel. Ma jeunesse sera vouée à la pénitence, et le reste de mes jours se passera en pénibles pèlerinages : j'effacerai jusqu'aux traces de la flamme qui me consume... et son nom ne sortira plus de mes lèvres que lorsque je te prierai pour son âme, afin que, dépouillant sa lumière céleste des ombres de la terre, il puisse aussi obtenir sa grâce et entrer glorieux dans Éden. Quel triomphe pour toi, divin prophète, de racheter du péché une âme aussi radieuse que la sienne ! de ramener dans les sentiers du ciel une étoile égarée ! Qu'il vive, grand Dieu, et lui et moi nous t'appartiendrons tous deux..... car heureux ou malheureux, vivant ou dans la tombe, sa destinée est la mienne, et s'il est perdu, je me perds avec lui ! »

Quand le soir fut venu, les suivantes de Lalla Roukh la prièrent de continuer le récit de son rêve surprenant; mais l'intérêt plein d'inquiétude qu'elle avait pris aux destinées de la jeune Hinda et de son amant, lui avait fait oublier tout ce qui n'y avait pas rapport..., au grand désappointement d'une ou deux jolies devineresses de sa suite qui se vantaient d'une grande habileté à interpréter les songes, et qui avaient déjà remarqué comme un malheureux présage que le matin, même après sa vision, la princesse avait porté une robe de soie teinte avec les fleurs du nilica, arbre de la mélancolie.

Fadladin, dont la sainte fureur avait plus d'une fois éclaté pendant le récit d'une histoire aussi hétérodoxe que l'était celle des Guèbres, Fadladin semblait enfin avoir forcé son âme à la patience : il prit sa place auprès de la princesse avec toute la résignation d'un martyr; et le poëte continua son poëme profane et séditieux.

LES ADORATEURS DU FEU.

(Quatrième partie.)

Les verts bocages de la côte et les flots dorés par les rayons du soleil que dominait l'énorme montagne, auraient offert un spectacle enchanteur à des yeux rians et à des cœurs sereins : c'était une de ces soirées délicieuses qui succèdent souvent aux ravages de la tempête. L'horizon ouvrait à l'occident ses pavillons de pourpre; une humide clarté descendait en tremblant des voûtes célestes;

ainsi qu'on voit le front radieux d'un mortel repentant se couronner sur le soir de sa vie de l'éclat pur de la vertu, et les larmes qu'il verse sur ses torts pardonnés briller de la lumière des cieux.

Partout régnait le calme ; les vents naguère avaient bouleversé les bois d'amandiers du Kerman, et dépouillé ses dattiers du doux fruit qu'aime le voyageur (1) ; les vents devenus plus paisibles rident à peine les vagues de la mer verte, qui semble un cristal limpide dans lequel se seraient fondues les riches perles que son sein recèle. Çà et là, ses petites îles réfléchissent leurs rians bocages dans le

---

(1) Dans plusieurs contrées du Kerman, on ne touche jamais aux dattes que le vent fait tomber des palmiers ; on les laisse pour l'indigent et pour les voyageurs. (*Ebn Hankel.*)

miroir de l'onde; on croirait voir ces îles de lumière habitées par les Péris, et qu'un charme magique fixe au milieu des airs.

Mais c'est en vain que ce tableau ravissant se découvre aux yeux éblouis d'Hinda, lorsque le bandeau qui lui ceint le front est soudain enlevé. Pâle et tremblante comme ceux qui se réveillent dans leurs sombres tombeaux lorsque les anges de la mort (1) leur apparaissent; elle se tourne en frissonnant pour lire son destin dans les yeux farouches de ceux qui l'entourent; elle voit ces tours en ruines à l'aspect menaçant qui semblent défier le sourire du ciel de dorer leurs som-

(1) Monkir et Hekir sont deux anges terribles appelés les *Chercheurs de la tombe*. (Voyez *la croyance des Musulmans orthodoxes*; par Ockley, tom. 2. Voyez aussi le *Giaour de lord Byron*.)

mets séculaires ; vainement partagée entre l'espérance et la crainte, elle cherche celui dont la voix si douce l'avait rassurée tout à l'heure. Illusion bizarre et trompeuse !..... Il n'est plus auprès d'elle ! Quelle secrète terreur vint l'agiter lorsqu'elle entendit tout à coup proclamer le retour d'Hafed...., du chef des Guèbres, et que les guerriers répétèrent tous les uns après les autres ce nom redouté.... Il vient.... ses pas font retentir les rochers. Comment osera-t-elle lever la tête et rencontrer ces yeux dont l'éclair épouvante les plus vaillans soldats d'Yemen; ces yeux qui brillent d'une flamme plus infernale, disent les musulmans, que ces lugubres lueurs qui s'échappent pendant la nuit de la mandragore (1). Comment supportera-t-elle

(1) Les Arabes appellent la mandragore la *chandelle du diable*. (*Richardson*.)

cette voix éclatante dont le cri de guerre a souvent dispersé des bataillons entiers, tels qu'une nombreuse caravane qui, étendue le soir autour du puits du désert, entend soudain les rugissemens du tigre?

Elle respire à peine, baisse les yeux et chancelle, en se croyant fixée par ce regard de feu que son imagination lui a peint comme foudroyant; elle frissonne en entendant les guerriers d'Hafed qui se retirent à son approche. Jamais moment d'incertitude ne fut plus terrible. Enfin Hafed, d'une main tremblante, saisit la sienne, et se penchant vers elle, lui dit: « Hinda! » Ce mot est le seul qu'il prononce, et ce fut assez. Elle a deviné le reste. . . . Un cri s'échappe de son cœur oppressé : palpitant de terreur, de joie, de surprise, la jeune Arabe lève les yeux, et les cache soudain dans le sein de son amant. C'est lui ; c'est lui-même, cet homme de sang, ce barbare envoyé par l'enfer, ce démon du carnage, Hafed, dont la voix atterre, dont le regard confond ses ennemis, c'est son Guèbre bien-aimé, c'est ce héros tendre qui, depuis la nuit où son premier sourire avait charmé son jeune cœur, fut toujours présent dans ses songes, tel qu'un ange égaré du ciel. . . . .

Semblables aux doux rayons du soleil qui percent soudain les ténèbres du désert, pendant les ravages du Simoun, ou tels que ces touffes de verdure qui croissent autour du gouffre fumant d'un cratère, il est dans la vie de ces instans qui adoucissent les coups cruels de la destinée. Le passé... l'avenir. . . . . . tout ce que le désespoir peut réunir de plus sombre ne fait que prêter un nouvel éclat à ces prestiges hélas ! trop courts.

Hafed lui-même. . . . . toutes les

lueurs de l'espérance sont éteintes pour lui ; sa gloire n'est plus. . . . La fortune le trahit ; Iran, cette patrie si chère est devenue une terre couverte de cadavres ou d'esclaves, un vaste désert qui n'offre plus que des chaînes ou des tombeaux.... Hafed lui-même au désespoir, et un pied dans le cercueil, sait qu'il va bientôt voir expirer le dernier défenseur de la liberté, et mourir auprès de lui. . . . . Hafed cependant, au milieu de ses infortunes et de la sombre destinée qui le menace, sentit combien le contraste de la douleur rend délicieux un instant de félicité. L'innocente caresse d'Hinda. . . . . le regard si pur qui lui révèle ce qui est au-dessus de tous les transports de ce monde. . . . . qu'il est aimé.... aimé tendrement.... Non, jamais il ne fut si heureux. Qu'il est doux de voir une seule goutte de bonheur pétiller sur les bords de la coupe amère de l'infortune !... Qui ne se hâterait de l'approcher de ses lèvres, quoique la mort doive nous saisir aussitôt !

Comme lui, Hinda, en contemplant ces yeux pleins d'amour qui pénètrent si profondément dans son âme, oublie toutes ses terreurs, toutes ses infortunes, ou du moins elle ne les sent plus que comme le malheureux endormi que fait sourire une illusion trompeuse, et qui rêve le bonheur en poussant des sanglots.

Les ruines imposantes où se trouvaient Hafed et Hinda, sur l'âpre sommet de la montagne, s'ouvraient du côté de l'Océan. Maintes nacelles élégantes qui étaient restées, pendant le jour, fixées au rivage ou dans la baie, sillonnaient en ce moment la plaine des flots, et livraient leurs voiles encore humides au souffle de la brise du soir ; comme on voit des aigles, après l'orage, étendre leurs ailes au soleil.

L'astre du jour avait disparu derrière les collines de Lar, mais des groupes gracieux de nuages brillaient encore d'un reste de splendeur, comme si, pour consoler l'horizon d'occident de son départ, l'ange de la lumière avait laissé derrière lui son manteau radieux. Jamais tableau ne fut plus digne de deux amans ! sous leurs pieds les flots de cristal se succèdent dans une paisible ondulation, le ciel brille sur leurs têtes...... Dans leur extase leurs cœurs partagent la douce agitation des flots, et brillent comme le ciel.

Mais, hélas ! ce songe fut bientôt évanoui ! Hinda revient à ses terreurs... La nuit, la nuit du carnage arrive rapidement, les ombres couvrent peu à peu la terre, chaque teinte de rose de l'Océan a disparu... Elle jette vers le ciel qui s'obscurcit un regard douloureux, et s'écrie avec désespoir : « Cette nuit! a-t-il dit!.... et vois, la nuit s'approche... fuis, fuis, tendre amant... si tu m'aimes, fuis! Bientôt ses barbares soldats vont fondre dans ces lieux, et je te verrai tomber sous leurs coups.... silence!... n'entends-tu point retentir dans ce ravin les pas de tes ennemis? peut-être déjà gravissent-ils dans ce bois!..... Fuis, fuis, quoique l'occident brille encore... il va venir!... oh! oui, je le connais; il a soif de ton sang.... il n'attendra pas la nuit. »

Dans le trouble qui l'agite, elle se jette dans les bras de son amant. Hafed surpris lui répond :

« Hélas! vierge infortunée.... la douleur égare ta raison, et j'en suis la cause! Poursuivi par une impitoyable destinée, tout ce qui m'approche doit périr avec moi. L'air que je respire est comme celui du lac Asphalte qui donne la mort. Pourquoi nos navires se sont-ils rencontrés au milieu de l'orage? Lorsque je reconnus quelle captive le hasard mettait dans mes bras, je ne jetai qu'un seul regard sur ton front pâle et consterné, et je jurai de ne plus voir un objet trop chéri qui énervait mon courage; je jurai de rester invisible à tes yeux, sans cesser de veiller sur toi dans cette heure d'alarmes. Pourquoi ai-je violé ce serment? Pourquoi ai-je eu la faiblesse de me montrer à toi?.... Mais cesse de tressaillir, ce bruit n'est que la voix des torrens qui se croisent dans la vallée. Ne crains rien, dans ces lieux nous sommes au delà du monde; il n'est plus pour nous d'espérance ni de terreur; nous demeurons, comme l'habitant des tombeaux, dans une sombre sécurité. Le ciel et l'enfer s'uniraient en vain pour assiéger ce rocher sacré.... Ne crains rien.... moi-même, cette nuit, avec les astres placés près du trône de Dieu, je veillerai sur toi, et demain, avant que l'aurore ait paru, je te renverrai à ton père..... »

« Demain! Non... » s'écrie en l'interrompant la jeune fille, « tu ne verras jamais l'aurore de demain.... La mort fera entendre son cri funèbre dans ces tours ensanglantées, si nous ne fuyons à l'heure même! Tu es trahi!..... Un misérable qui connaissait le passage mystérieux de ce ravin, t'a vendu à la vengeance de mon père! Oui, cesse d'en douter; je le jure par ces astres qui nous éclairent..... Il m'a tout dit, ce matin même, avec le sourire d'une joie féroce; et d'un air triomphant il a frappé la terre, comme s'il eût foulé déjà ton sein palpitant. Grand Dieu! que j'étais encore éloignée de croire que sa victime était mon héros bien-aimé!..... Fuis...... envoie un des tiens pour veiller dans le ravin..... J'atteste toutes mes espérances du ciel, que je ne dis que la vérité! »

Le vent du nord qui vient soudain glacer une source dont les flots limpides murmuraient la veille aux rayons du soleil, est moins cruel que la douleur qui pénètre le sein de celui qui se voit trahi! Hafed au désespoir demeure immobile et muet, comme si ce qu'il entend avait glacé son sang dans ses veines, et semblable à celui qu'un charme magique enchante tout à coup, ou à l'un de ces habitans de marbre des palais silencieux d'Ishmonie (1).

---

(1) On trouve, dans le tableau *du Levant* de Perry, une description d'Ishmonie, ville *pétrifiée* de la Haute-Égypte, où l'on peut voir

Mais bientôt ce premier sentiment de désespoir est calmé ; son âme magnanime redevient elle-même, et brille encore sur son front comme aux plus beaux jours de sa fortune et de sa gloire : jamais son âme n'avait été si grande ; il lève vers le ciel des yeux résolus et sereins : c'en est fait, l'heure de son martyre est venue. Sa vie aura passé comme l'éclair qui précède la foudre dans un jour d'orage, et cependant son trépas laissera une trace de gloire radieuse et durable ; les braves des temps à venir, les braves malheureux l'admireront, fiers de leurs regrets, et l'éclat de cette lumière les éclairera dans la nuit de l'esclavage pour guider leurs bras vengeurs. Ce rocher, monument sublime, racontera les exploits d'Hafed aux siè-

---

des statues d'hommes et de femmes qui subsistent encore.

cles futurs, souvent les bardes et les héros y viendront faire un secret pèlerinage, y conduiront leurs jeunes fils; et leur montrant le lieu où Hafed a péri, ils leur feront jurer, sur ces ruines solitaires des antiques temples de leur patrie, de ne jamais pardonner à la race maudite dont les chaînes ont imprimé sur le front d'Iran une tache que le sang seul pourra laver.

Telles sont les généreuses pensées qu'expriment en ce moment les traits rayonnans d'Hafed. Le prophète d'Issa (1) ne vit pas la couronne sanglante de son martyre avec un plus noble orgueil que lui le bûcher qu'éclaire à demi la flamme de l'autel en ruines, près duquel est placé ce lit funéraire.

---

(1) Jésus.

Hafed lui-même et ses compagnons l'ont construit avec toutes sortes de bois odoriférans. Il touche l'autel du dieu du feu, et il est prêt à recevoir dans un linceul resplendissant de lumière, le petit nombre de braves qui jurèrent de périr dans ce lieu lorsque tout espoir serait perdu. Cette couche de flamme, qui doit les affranchir des chaînes et de la honte, est aussi douce pour eux que le berceau sur lequel s'endormit leur prophète encore enfant lorsque le ciel changea en touffes de roses les flammes auxquelles il avait été condamné (1).

Hinda suit avec inquiétude les re-

---

(1) Les Guèbres disent que, lorsqu'Abraham, leur grand prophète, fut jeté dans une fournaise, par les ordres de Nembrod, la flamme se changea à l'instant même en *lit de roses*, sur lequel l'enfant se mit à dormir. (*Tavernier.*)

gards rapides d'Hafed... Pourquoi ses yeux étincellent-ils tout à coup? Quels projets l'occupent? Quelles sont ses pensées et ses espérances? Hélas! pourquoi rêver ainsi, lorsqu'à chaque moment le danger s'approche. « Hafed, mon bien-aimé, répète-t-elle encore en se jetant à ses pieds, toi que j'ai aimé uniquement, et qui posséderas seul mon cœur! si ton âme a jamais éprouvé la moitié de l'amour que me jurèrent tes lèvres brûlantes, je te conjure, au nom de cet amour, de fuir à l'instant même; je t'en conjure sur mes genoux, moi qui ne les ai jamais fléchis que devant Dieu seul! Fuis avant que tes ennemis arrivent. Hâte-toi,... la barque qui m'a conduite ici peut nous conduire encore sur les flots... Dirigeons-nous à l'orient.... à l'occident.... hélas! peu m'importe, pourvu que tu vives et que je sois auprès de toi.

Fuyons où tu voudras ; tant que ma main sera dans la tienne, tant que tes yeux continueront de me sourire comme en ce moment, dans la bonne comme dans la mauvaise fortune, le monde sera pour nous un monde d'amour. Nous irons habiter quelque heureux rivage où trop aimer ne soit pas un crime ; où adorer un enfant égaré de la lumière, adorer Hafed, ne me rende pas coupable devant le ciel. . . . ; où du moins nous puissions effacer nos fautes par nos larmes. . . . ; nous fléchirons nuit et jour le genou : toi devant les autels d'Alla, pour l'amour de ta compagne, et moi devant le dieu que tu révéleras à ma tendresse. »

Elle a prononcé ces paroles avec tout le délire de la passion ; elle baisse la tête, pleure de honte et ses sanglots étouffés semblent ses derniers soupirs. Hafed cependant..... ah ! ne ne vous étonnez pas si, jeune encore et tendre, il oublie un moment sa fierté, sa gloire, ses sermens, ses amis, le feu sacré, sa patrie même pour celle qu'il voit à ses pieds, dans les transes d'un muet désespoir ! Ne le blâmez pas si l'espérance fait luire un moment son flambeau dans son âme, et lui montre l'avenir riche encore pour lui de ces plaisirs purs que celle qui l'implore était si digne de partager. Une larme qui vint mouiller ses paupières, lorsqu'il se baissa pour relever Hinda suppliante, l'avertit de ce nuage de faiblesse qui passait sur son âme ; il tressaille et essuie cette larme indigne de son courage ; tel un guerrier, le matin d'un combat, fait tomber les gouttes de rosée qui ont obscurci pendant la nuit la lame de son cimeterre, mais sans en ternir l'éclat.

Cependant, quoiqu'il eût dompté cette faiblesse, ses regards et le son de sa voix exprimaient tant de douceur, que Hinda, aimante et facile à séduire, se flatta qu'il consentait à fuir, et que l'âme du héros était devenue aussi tendre que la sienne; elle sourit avec reconnaissance, quand Hafed lui dit : « Oui... s'il est quelque heureuse région où un amour aussi sincère que le nôtre soit béni du ciel, s'il est une terre de paix pour ceux qui aiment à jamais.... oui, console toi..... nous nous reverrons dans ces régions fortunées. »

A peine son cœur eut-il le temps de chercher le vrai sens de ces mots, que le jeune homme impatient vole à la tour où était suspendue une énorme conque marine, et fait entendre un signal aussi terrible que celui de l'ange qui appelle les tempêtes. Ce signal est connu de ses compagnons fidèles à la vie et à la mort; c'était le son d'alarme qui leur annonçait qu'il n'était plus d'espoir, et que l'heure de leur trépas était arrivée. Depuis longtemps cette conque fatale est suspendue aux murailles de ces tours en ruines, prête à faire résonner au loin l'hymne de mort de ces derniers défenseurs de la liberté (1).

Ils accourent autour de leur chef!.. hélas! qu'ils sont en petit nonbre! c'est le reste de cette armée qui naguère s'avancait en triomphe dans les plaines de Kerman, au son du zel et des timbales : alors chaque rayon du soleil qui tombait sur leurs piques étincelantes était pour eux l'éclair de l'espérance, et quand leurs coursiers

---

(1) Le coquillage appelé *Siiankos*, est très-commun dans l'Inde, l'Afrique et la Méditerranée : on s'en sert encore dans plusieurs contrées pour sonner le tocsin ou donner des signaux. Le son de cette conque retentit au loin. (*Pennant.*)

volaient contre le vent, laissant flotter derrière eux leurs blanches queues de buffle (1), semblable à des ailes étendues, on eût pris chaque chef pour un demi-dieu. Qu'ils sont déchus aujourd'hui! quelle pâleur couvre leurs fronts cicatrisés et flétris! la flamme de l'autel vint jeter sur leurs traits un éclair lugubre, lorsqu'ils s'en approchèrent pour allumer leurs torches. Il règne un morne silence, le chef prescrit à chacun son devoir, et le regard résolu de ses compagnons fidèles déclare qu'ils sont prêts à tout. Le temps fuit...... les étoiles ornent l'azur des cieux. Bientôt, astres divins! qui contemplez la terre du haut de l'empyrée, vous serez témoins d'un

(1) Le plus bel ornement des chevaux est composé de six larges flots de crins blancs arrachés à la queue des buffles qu'on trouve dans plusieurs contrées de l'Inde. (*Thévenot.*)

spectacle qui fera pâlir votre lumière.

Palpitant de crainte, d'impatience et d'espoir, Hinda voit les guerriers d'Hafed préparer silencieusement sa litière, et la déposer à ses pieds. Son amant lui même vient l'y placer avec un tendre soin, et presse sa main tremblante....... Avec cette longue étreinte d'un dernier adieu, après la quelle deux cœurs qui s'aiment ne connaissent plus de bonheur. Cette triste caresse lui donna encore une espérance.... tant l'amour se trompe facilement! Elle crut que c'était l'expression muette d'un excès de joie, et le présage de leur fuite; ce fut pour elle amour, confiance, tout excepté un adieu.

« Hâtons-nous, dit-elle, hâtons-nous! Le ciel s'obscurcit, mais nous pouvons encore atteindre le navire, et demain, au lever de l'aurore.... O douce volupté!.... voguant avec toi sur les ondes, je ne me rappellerai plus ce moment que comme un rêve pénible. Et toi... » Mais, hélas!... Hafed ne répond rien.... Grands dieux! fuirait-elle seule... Elle est arrivée dans ce passage sombre, où, quelques heures auparavant, la voix d'Hafed était venue calmer ses craintes et ses douleurs; sa voix, douce comme celle de l'ange Israfil (1), quand ses chants mélodieux font frémir mollement les bocages d'Éden. En cet instant encore.... Mais non, il n'est plus là: « Hafed, mon Hafed, si c'est ton destin, ta volonté de périr cette nuit permets-moi de rester pour périr avec toi; et jusqu'à ma dernière heure, je bénirai ton nom chéri, avec reconnaissance. Ah! permets à nos lèvres de s'unir en expirant; que nos

(1) L'ange Israfil qui a la voix la plus mélodieuse de toutes les créatures de Dieu. (*Sale.*)

derniers soupirs se confondent, et je puis endurer mille morts.... Et vous, qui m'enlevez loin de lui, daignez arrêter un moment.... Il peut encore venir.... et se rendre à mes prières... Hafed, cher Hafed! » Elle ne peut cesser ces tendres plaintes capables d'attendrir un cœur de marbre, et demande Hafed à l'écho attendri.... Hafed ne paraît plus.... Couple infortuné; vous vous êtes dit un dernier adieu.... Vos cœurs auraient dû se briser.... Le songe s'est évanoui.... Votre sort est jeté.... Vous ne vous reverrez plus sur la terre!

Hélas! plaignons le héros qui écoute les plaintes de la jeune fille d'Hyemen. Il s'arrête au milieu du sentier de la montagne; il observe d'un œil troublé la triste lueur de ces torches qui éclairent le départ de tout ce qu'il aime. Il est inconsolable comme ceux qui, au milieu de l'Océan, vien-

5 *

nent de confier aux ondes écumeuses le corps d'un objet tendrement chéri; penchés sur le tillac, ils ne peuvent cesser de considérer avec un douloureux regret le pâle rayon de la lune qui brille sur le tombeau de l'ami qu'ils ne reverront plus.

Mais Hafed a tressailli soudain.... Qu'a-t-il donc entendu? Des clameurs terribles ont retenti dans le ravin du côté de la terre, comme si la foule des mauvais génies qui habitent ces obscures retraites, les gholes, les dives et les monstres de l'enfer s'étaient tous écriés à la fois.

« Les voici, » dit Hafed; l'enthousiasme de son âme étincelle dans ses regards. « Voici les musulmans! Réjouissez-vous, âmes des braves qui, affranchis des liens terrestres, habitez parmi les astres, réjouissez-vous; des âmes dignes de vous vont prendre l'essor pour se réunir aux chœurs célestes. »

Il dit, et aussi agile qu'un jeune époux qui vole à sa compagne, il revient sur ses pas et se rend à l'autel du feu. Ses compagnons l'entourent : à ces cris qui ont frappé leurs oreilles, ils ont comme par instinct tiré leurs glaives du fourreau.... Ces cris redoublent.... Les échos du ravin se les renvoient de proche en proche.... Quel est celui qui, voyant ces guerriers, le cimeterre à la main, et les yeux fixés sur leur chef, aurait douté de la honte et de l'indignation qui les animent en entendant ces cris insultans! Attendront-ils l'ennemi?.... Hafed a deviné leur pensée qui est aussi la sienne..... « Quoi donc ? lorsque nos mains peuvent tenir nos cimeterres, mourrons-nous sans résister? Mourrons-nous seuls ? sans avoir une victime pour escorter nos ombres, sans ensevelir nos fers dans un cœur musulman ? Non, Dieu des cieux brûlans de la Perse, tu dédaignerais un sacrifice aussi peu glorieux ! Non.... si nous sommes privés de toute espérance terrestre, il nous reste encore la vie, nos glaives et la vengeance ! Que les cavernes sanglantes de la vallée soient à jamais l'admiration des hommes ; que les tyrans frissonnent lorsque leurs esclaves parleront du dernier asile des Guèbres. Suivez-moi, cœurs magnanimes.... Ce bûcher nous servira toujours pour fuir la vie et les chaînes ; mais il est un lit funèbre plus saint encore pour celui qui tombera expirant sur un soldat de Mahomet. »

Ils s'élancent de rocher en rocher, animés d'une vigueur plus qu'humaine ; l'ennemi triomphant est encore engagé dans le sombre défilé, et s'avance lentement à la sinistre clarté de ses torches, comme dans la vallée de Golconde (1) le redoutable serpent se traîne en laissant sur ses traces une lueur livide. Les Guèbres n'ont pas besoin de flambeaux...; tous les détours du passage leur sont connus; ils les ont si souvent traversés au milieu des bêtes fauves auxquelles ils servaient de repaire, que les tigres les laissaient passer comme des créatures aussi farouches et aussi intrépides qu'eux-mêmes.

Les musulmans n'étaient pas encore arrivés à une partie du ravin où il était facile au petit nombre de Guèbres de leur disputer le passage. Les torrens grossis par l'orage du matin avaient comblé leurs lits étroits; des deux côtés, d'âpres rochers semblaient se menacer de leurs angles saillans, barrières naturelles qui défendaient les

(1) Voyez l'histoire de Sinbad et les remarques de Poole.

sentiers de la montagne. C'est là que se portent les derniers vengeurs d'Iran; ils attendent en silence, écoutant avec une inquiétude si attentive l'approche des soldats de l'émir, qu'ils n'entendent pas le vautour qui agite au-dessus de leurs têtes ses ailes funèbres.

Ils arrivent...; une pierre qu'Hafed lance dans l'onde donne le signal. « Allons, Guèbres, allons, si jamais vos glaives furent dignes de vos bras valeureux, qu'ils secondent pour la dernière fois votre vengeance! » Malheur aux musulmans qui marchent à l'avant-garde... Ils arrivent...; ils rencontrent le fer homicide et sont précipités expirans sous les vagues ensanglantées. D'autres victimes les suivent bientôt dans l'abîme. Les bras des guerriers d'Hafed sont si fatigués du carnage, que le sang peut seul retenir leurs cimeterres dans leurs mains. Jamais les satellites d'un tyran ne reçurent un tel accueil ; jamais libations plus terribles n'ont été faites à la liberté. Quel spectacle effrayant offre le ravin à la lueur des torches à demi-éteintes, qui jettent encore une flamme obscure au milieu du sang et des flots! On distingue des têtes, des turbans brûlés, des membres palpitans, des cimeterres échappés à des mains mourantes. Les malheureux qui veulent fuir les torches qui tombent autour d'eux, expirent en poussant d'horribles cris entre le feu et l'onde ; et quelques-uns, entraînés par ceux qui se meurent, sont engloutis vivans encore avec ceux qui ne sont plus.

Mais c'est en vain que des milliers de musulmans sont déjà immolés par le fer des Guèbres, d'autres milliers leur succèdent ; ils accourent innombrables comme ces insectes du nord, qui, fondant en sombres nuages sur une flamme allumée pendant la nuit, périssent ou éteignent sa lumière. Des cadavres encombrent enfin le lit des torrens ; les mourans et les morts forment l'horrible pont sur lequel d'autres plus heureux passent pour les venger. Hélas! quel est maintenant votre espoir, Guèbres infortunés! le sacrifice sanglant que vous venez de faire à la patrie, fume encore à leurs yeux irrités... ; ils savent combien vos glaives sont terribles dans vos mains, et ils écument de rage en voyant quel est votre petit nombre. Écrasés par cette multitude d'ennemis, la plupart des guerriers d'Hafed trouvèrent leur tombeau dans ce passage fatal ; les autres combattent encore autour de leur chef, qui, en faisant toujours face aux soldats de l'émir, se retirait vers le temple, laissant après lui des traces sanglantes. Tel qu'un lion (1) qui, surpris dans son asile par les flots impétueux du Jourdain, lutte long-temps contre le courant qui l'entraîne, Hafed ne cède le terrain que pas à pas; et, terrible dans sa retraite, il arrête encore les ennemis et ses destins.

Mais tout à coup les Musulmans le perdent de vue.... et s'égarent dans leur marche. Leur proie leur échappe; le guide n'est plus; les torches sont éteintes ou trop éloignées....; les détours de ce labyrinthe et les torrens les embarrassent; ils s'avancent aveu-

---

(1) Plusieurs espèces de bêtes fauves ont coutume de chercher un asile dans ce bosquet sur les rives du Jourdain. Lorsque le fleuve grossit, il entraîne souvent avec ses flots plusieurs de ces animaux: c'est ce qui a fourni à Jérémie cette comparaison: « Il viendra comme un lion apporté par le débordement du Jourdain. » (*Maundrell' Aleppo.*)

glément, et maudissent dans leur rage les flambeaux qui les servent si mal. « Que n'avons-nous, s'écrient-ils, un limier pour découvrir les traces des Guèbres! » Vain désir! Ils continuent de s'engager dans les défilés, d'autant plus furieux qu'ils s'égarent davantage! Trompés par la flamme qui brûle sur ces sombres hauteurs, ils vont se précipiter et se perdre dans les abîmes, ou restent suspendus aux saillies des rochers, proie encore vivante pour les vautours dévorans qui accourent aux horribles cris que répètent les échos du ravin.

Ces cris parviennent à l'oreille d'Hafed. Ce sont les derniers accents chers à sa vengeance qu'il entendra désormais! Hafed est étendu sur le bord de lamontagne, respirant avec peine, et eul à côté de son cimeterre fumant. Il est résigné, comme ayant fini la tâche de sa vie, et satisfait sa terre natale par le sang qu'il vient de verser. Une seule pensée, une dernière lumière dissipa pour un moment la sombre rêverie de sa douleur..... Ce fut l'image de celle qu'il aimait qui lui apparut comme un astre fidèle, au milieu de ses pénibles souvenirs et des ténèbres où le plongeait la fuite de toutes ses espérances. Jamais Hinda n'avait été si séduisante à ses yeux : il lui sembla que leur amour était devenu plus pur, et qu'aucun nuage terrestre n'était interposé entre cette brillante image et lui ; comme si ces appas, déjà si doux, avaient encore reçu dans d'autres mondes une grâce nouvelle ; comme s'il ne voyait plus sa bien-aimée qu'à la faveur de la lumière céleste qui commençait à éclairer son âme.

Une voix se fait entendre auprès de lui..... c'était celle d'un ami chéri, le seul qui survécût encore à la terrible bataille qui s'était livrée cette nuit.

« Faut-il donc, ô mon chef, lui disait-il, que nous mourions ici ? Les ennemis sont près de nous, mais l'autel l'est encore davantage ! ». Ces mots ont ranimé les forces d'Hafed ! « Quoi ! s'écrie-t-il, nous ne sommes pas encore hors de l'atteinte des barbares ! » Cette pensée eût rendu la vie à Hafed déjà expirant.... Il se relève tout ensanglanté, saisit le bras de son compagnon devenu plus faible que le sien, et l'entraîne péniblement vers le bûcher. Grand Dieu, qui entendis leurs sermens, donne-leur la force d'arriver : ils gravissent les rochers ; viens, grand Dieu, à leur secours. Les broussailles sont teintes de leur sang ; ils chancèlent. Ton cimeterre luimême, Hafed, te trahit à la fin et se brise sous la main à laquelle il servait d'appui.... Hâtez-vous ! hâtez-vous !

Les clameurs de l'ennemi annoncent son approche..... Encore un effort.... Grâces au ciel les voilà sur la cîme de la montagne! ils touchent les murs du temple, et Hafed voit le feu divin.... Mais hélas! son compagnon épuisé tombe sur le marche-pied de l'autel; il n'est plus! « Ame généreuse, tu es partie trop tôt pour le ciel! dit le héros. Mais laisserai-je ici ton corps pour être foulé aux pieds et servir de but à la lance des lâches? Non, je le jure par ces flammes sacrées! » Il dit, et animé d'une vigueur surnaturelle, il emporte vers l'autel le corps de son ami. Ses mains glacées le déposent sur le bûcher, qu'elles allument aussitôt. La flamme éclate comme un éclair sur la mer d'Oman.

« Dieu de la liberté! je viens à toi! » s'écrie le jeune homme; et, souriant d'un air de triomphe, il s'élance à côté de son ami. Ce dernier effort termine ses jours, et il expire avant que le feu ait atteint son corps glorieux.

Quel est ce cri qui retentit de la mer d'Oman? Il est parti de cette barque qui vogue sur les flots. L'éclair passager de la flamme est venu jusqu'à elle. C'est la barque qui emmène la jeune fille d'Yémen. Hélas! pourquoi n'est-elle pas déjà loin! elle a été confiée aux soins d'une troupe peu nombreuse de vieux guerriers à qui leur chef n'a pas voulu faire part du secret de sa destinée prochaine; Hafed espérait qu'Hinda rendue à son père serait le prix du pardon de ceux qui la remettraient entre ses mains. Ignorant les projets d'Hafed, et fiers de garder une aussi belle captive, ils avaient à peine traversé les vagues écumeuses qui murmurent autour des cavernes de la montagne, que le signal des combats leur fut porté par les échos. A ce signal trop connu chacun d'eux abandonne sa rame qui reste inutile et suspendue sur les flancs du navire, et ils se laissent aller au courant, les yeux fixés dans une muette inquiétude vers la montagne sacrée où la flamme de l'autel s'élevait encore solitaire et tremblante.

O Hinda! l'imagination appellerait vainement à son aide ses couleurs les plus terribles pour peindre ta douleur dans ces heures d'effroi. Ceux-là seuls qui éprouveraient ton désespoir, pourraient nous le décrire; mais qui en a jamais éprouvé de semblable? Ce ne fut point l'affreux état d'une âme délaissée, qu'accable le destin, et qui redoute tout encore quand elle n'a plus rien à redouter, alors que l'espérance n'est plus, mais que son ombre nous apparaît au milieu des ruines du cœur. Non... le malheureux peut perdre à jamais ses plaisirs, ses espérances, ses affections, et supporter la vie, comme ces animaux qu'on trouve vivant encore dans un rocher, lorsque tout est glacé autour d'eux.... Mais il est dans cet état un sombre repos, un calme stagnant qui serait le bonheur auprès de la douleur brûlante qui déchira ton âme, auprès de ce spasme de terreur muette et profonde, et de ces mortelles angoisses auxquelles le cœur n'échappe qu'en se brisant! . . . .

La mer est calme, et ses flots réfléchissent la brillante lumière des astres de la voûte azurée. Il fut un temps où, dans une nuit si belle, la jeune Arabe qui est maintenant si malheureuse, aimait à contempler dans une douce rêverie les reflets des étoiles sur les ondes; ce plaisir seul suffisait à son bonheur.... ce plaisir et le sentiment nouveau d'existence qui agite le cœur encore indifférent de la jeune fille.

Quel changement aujourd'hui !.... mais le cri du carnage retentit une seconde fois ! Valeureux soldats d'Hafed ! c'est en vain que vous vous levez tous sur le tillac de votre navire, en vain vous tirez vos cimeterres du fourreau, c'en est fait.... vous pouvez les livrer à la rouille.... celui dont le signal leur faisait répandre la mort va lui-même périr cette nuit. Oui, fixez vos regards sur ces tours obscures, et cherchez à deviner pourquoi le cri du combat se fait entendre à une telle heure ! Elle pourrait vous l'apprendre, celle qui a cessé de vous occuper, et qui, pâle, abattue, l'air effaré, appuie son front contre le mat du navire. Elle ne le sait que trop !.... celui qu'elle aime plus que la vie, son premier et son seul amant, va succomber dans le carnage.

Mais quel est ce guerrier qui gravit les hauteurs ? c'est un signal peut-être !

il agite une torche : que veut dire sa flamme isolée ? tous les yeux sont tournés vers le temple.... toi-même, Hinda, tu y portes tes derniers regards.... un moment s'écoule.... le bûcher s'embrase, et envoie au loin le triste éclat de ses flammes. Hafed apparaît soudain comme un fantôme, et tel qu'un génie du feu au milieu de son élément.

« C'est lui ! » s'écrie la jeune fille en frémissant ; mais déjà il a disparu ; les flammes funéraires s'élèvent jusqu'aux cieux. C'en est fait des espérances d'Iran et des siennes !

Elle fait entendre un long gémissement, s'élance comme pour atteindre le bûcher dont elle n'a pu détacher ses yeux mourans, et se précipite dans la mer.... où son cœur pur ne connaîtra plus ni l'inquiétude, ni la douleur.

« Salut ! fille de l'Arabie ! (ainsi parla une Péri sous les vagues de l'Océan) ; salut ! jamais perle ne fut aussi pure dans le coquillage qui la recèle, que l'âme qui habitait en toi !

» Salut ! jeune amante, belle comme la fleur de l'Océan qui croît auprès de toi ; combien ton cœur était paisible, lorsque le charme de l'amour vint le surprendre, comme le vent du sud (1), qui, passant sur les cordes d'une lyre, en détruit à jamais toute la mélodie.

» Mais long-temps encore, les jeunes filles et leurs amans, sur les

(1) Ce vent (le Simour) relache tellement les cordes des lyres, qu'elles ne peuvent rendre des sons tant qu'il souffle. (*La Perse*, *Stephen*).

» verts côteaux d'Yémen, pleureron
» le destin de celle qui repose parm
» les îles de perles, et dont la tomb
» n'est éclairée que par l'étoile d
» mer (1).

» Long-temps encore, lorsque re
» viendra la joyeuse saison des datte
» qui appelle dans les bois de palmie
» la jeunesse et les vieillards (2), l
» cœurs les plus heureux, en revena
» sous le toit paternel, après le co
» cher du soleil, écouteront ton hi
» toire en versant des larmes.

---

(1) Une des plus curieuses choses qu'
trouve dans le golfe Persique, c'est un p
son que les Anglais appellent *Poisson-Étoi*
Il est de forme circulaire, et pendant la n
il est si éclatant de lumière qu'il ressembl
la lune entourée de rayons. (*Mirza Ab*
taleb).

(2) Voyez Kempfer *Amœnit exot.*, pour
description des fêtes de la récolte des datte

» La jeune villageoise, lorsqu'elle » ornera de fleurs ses longs cheveux » d'ébène, pour aller à la fête, pen- » sera à tes malheurs, et, oubliant sa » parure, s'éloignera tristement de » la glace où elle admirait ses char- » mes.

» Iran elle-même ne doit pas t'ou- » blier, ô toi la bien-aimée de son » héros : si ses tyrans lui défendent les » larmes, elle te portera au fond du » cœur, à côté du généreux défenseur » de sa liberté !

» Salut, fille d'Yémen. . . . C'est » à nous d'embellir ta couche funèbre » de tous les objets qui croissent dans » l'Océan; les fleurs de ses cavernes, » les perles de ses ondes orneront le » lieu où tu reposes.

» Autour de toi brillera l'ambre le

» plus doux qu'ait jamais laissé tomber
» dans les flots l'oiseau de mer mélan-
» colique (1). Nous te consacrerons
» maint élégant coquillage dans le-
» quel les Péris de l'Océan ont parfois
» dormi au clair de la lune.

» Nous irons dans les jardins de
» corail cueillir une couronne pour
» la déposer sur ta tête; nous irons
» aux lieux où (2) la mer Caspienne
» roule ses flots sur un lit étincelant,
» et nous répandrons sur ta tombe ses
» sables dorés.

» Adieu! adieu, fille d'Yémen!

---

(1) Quelques naturalistes ont cru que l'ambre était une concrétion des larmes d'un oiseau. (*Voyez le Dictionnaire de Trévoux et Chambers*).

(2) La baie Kieselarke, autrement appellée la baie Dorée: le sable y étincelle comme le feu. (*Struys*).

» tant que les cœurs des braves et des » belles seront ouverts à la pitié, ils » pleureront le héros qui périt sur » cette montagne, et la jeune amante » qui dort sous ces vagues. »

La princesse et Féramorz lui-même furent surpris de la singulière patience que montra Fadladin en écoutant la dernière partie de cette histoire profane; ils lui en surent gré, ignorant la cause d'une complaisance si extraordinaire. Il est donc bon de savoir que le grand chambellan organisait depuis quelques jours un plan de persécution contre le poëte, au sujet de plusieurs passages de son dernier poëme, qui lui paraissaient contenir des expressions et des principes qui ne méritaient rien moins que la critique du chabuc (1). C'était donc l'intention de ce dévot personnage d'informer le roi de Bucharie des opinions dangereuses de son troubadour, aussitôt qu'ils seraient arrivés dans la vallée de Cachemire ; et si malheureusement ce monarque ne se comportait pas convenablement en cette occasion (c'est-à-dire, s'il ne donnait pas le chabuc à Féramorz, et une place à Fadladin), il craignait bien que ce ne fût fait du gouvernement légitime de Bucharie. Il ne pouvait cependant s'empêcher de mieux augurer pour lui-même et pour la cause des potentats en général; c'était le plaisir que lui procurait son triomphe anticipé qui répandait tant de satisfaction dans son visage, et faisait briller ses yeux, comme les

(1) La bastonnade ou le fouet.

pavots du désert, sur la sécheresse de sa physionomie.

Ayant décidé de cette manière le châtiment du poëte, il crut qu'il était digne de son humanité de lui épargner les tourmens secondaires de sa censure. Lorsqu'on se réunit le lendemain dans le pavillon, Lalla Roukh s'attendait à voir fondre toutes les beautés du poëme de Féramorz dans l'acide de la critique, comme les perles dans la coupe de la grande reine d'Égypte. Elle fut agréablement surprise d'entendre dire simplement à Fadladin, avec un sourire ironique, que le mérite du poëme des Guèbres était digne d'être jugé par un plus haut tribunal ; ensuite il passa subitement au panégyrique de tous les souverains musulmans, et s'étendit surtout avec complaisance sur celui de son auguste empereur Aureng-Zèbe, le plus sage et le meilleur des descendans de Timur, qui, entre autres bienfaits que lui devait le genre humain, avait donné à lui, Fadladin, les postes lucratifs de porte-betel et porte-sorbet de sa majesté, de principal juge de la ceinture des femmes (1), et enfin le titre glorieux de grand nazir ou grand chambellan du harem. Ils n'étaient pas éloignés de ce fleuve profane (2) qu'aucun pieux Hindou ne peut traverser, et ils se reposèrent

(1) Kempfer parle d'un officier de ce titre parmi les courtisans du roi de Perse, et l'appelle : *Formæ corporis estimator.* Son office était, à des époques marquées, de mesurer les femmes du harem avec une espèce de ceinture dont il n'était pas permis de dépasser la limite pour être déclarée jolie. Si quelques-unes de ces dames allaient au delà de cette mesure rigoureuse de la taille, elles étaient réduites par l'abstinence aux limites naturelles.

(2) L'Astock.

quelque temps dans la vallée d'Hussuni Abdaul. Ce lieu de halte avait toujours été cher aux empereurs, dans leurs migrations annuelles à Cachemire. C'est là que souvent Jehan-guire, la lumière de la foi, errait avec sa tendre et belle Nourmahal; là aussi Lalla Roukh se fût trouvée heureuse de rester à jamais, préférant au trône de Bucharie et à tout l'univers, Féramorz et l'amour dans cette vallée délicieuse et solitaire. Le temps s'approchait où elle ne devait plus le revoir, ou ne le voir du moins qu'avec des yeux dont tous les regards appartiendraient à un autre. Cette idée donnait aux derniers momens qu'elle devait passer avec lui un charme mélancolique qui les lui rendait plus précieux que la vie. Depuis quelques jours Lalla Roukh était plongée dans une profonde tristesse, dont la présence seule du jeune ménestrel pouvait la tirer. Semblable à ces lampes des mausolées qui ne brillent que lorsque l'air y est introduit, c'était seulement à l'approche de Féramorz que ses yeux souriaient et s'animaient; mais dans cette aimable vallée, chaque moment fut un siècle de plaisir. Elle le voyait tout le jour, et se trouvait tout le jour heureuse, se comparant souvent à ces peuples de Zinge, qui attribuent l'inépuisable gaieté dont ils jouissent à un astre protecteur qui se montre chaque nuit sur leur tête (1).

Toute la caravane sembla partager cette heureuse disposition d'esprit pendant les quelques jours qu'on s'arrêta dans cette délicieuse solitude. Les jeunes suivantes de la princesse, qui obtenaient plus de liberté qu'on

---

(1) L'étoile Soheil, ou Canopus.

ne leur en eût pu accorder sans danger dans un lieu moins isolé, parcouraient les jardins et sautaient à travers les prairies, aussi légères que les jeunes chevrettes des plaines aromatiques du Thibet. Outre la jouissance spirituelle que lui procura un pèlerinage à la tombe du saint qui a donné son nom à la vallée, Fadladin eut l'occasion de satisfaire en petit, son plaisir de faire des victimes, en mettant à mort quelques centaines de ces malheureux lézards que tout pieux musulman se fait un devoir religieux de tuer, persuadé que la manière dont cet animal courbe sa tête est une imitation burlesque de l'attitude des fidèles lorsqu'ils disent leurs prières. A la distance d'à peu près deux milles d'Hussum Abdaul, on trouvait ces jardins royaux qui s'étaient embellis, grâces aux soins de tant de jolis yeux, et qui étaient encore beaux, quoiqu'il ne fût plus possible à ces yeux de les voir.

Ce lieu, avec ses fleurs et son silence solennel, qu'interrompaient seulement les oiseaux qui venaient rafraîchir leurs ailes dans les bassins de marbre remplis de l'eau pure des collines; ce lieu enchanteur réalisa pour Lalla-Roukh tout ce que son cœur avait pu imaginer de plus riant, de plus suave, de plus paisible et de plus céleste.... C'était un séjour trop délicieux, comme un prophète le disait de Damas. Ce fut là qu'en écoutant la douce voix de Féramorz, ou en lisant dans ses yeux tout ce qu'il n'avait jamais osé lui dire, la princesse passa les jours les plus fortunés de sa vie. Un soir, on parla de la sultane Nourmahal (1), la lumière du harem, qui avait si souvent

(1) Nourmahal signifie Lumière du harem. Elle fut depuis appellée Hourgchan, ou la Lumière du monde.

erré parmi ces fleurs, et nourri de ses propres mains dans ses bassins de marbre les brillans poissons qu'elle aimait tant (1). Le jeune Cachemirien, désireux de retarder le moment où il fallait se séparer, proposa de raconter une courte histoire ou plutôt une rapsodie dont cette sultane adorée était l'héroïne. « Cette histoire est fondée, dit-il, sur une brouillerie amoureuse qui eut lieu entre Nourmahal et l'empereur, pendant leur séjour dans la vallée de Cachemire, à l'époque de la fête des Roses. Cette histoire pourra rappeler à la princesse la querelle qu'eut Haroun al Raschid avec sa belle maîtresse Marida, et qui fut si heureusement terminée par les doux concerts du musicien Moussali (2). »

---

(1) Voyez la note du volume précédent.

(2) Haroun al Raschid, cinquième calife

Comme l'histoire était presque toute en chansons, et que Féramorz avait oublié son luth dans la vallée, il se fit prêter le vina de la petite esclave persane de Lalla Roukh, et commença en ces termes :

---

des Abassides, s'étant un jour brouillé avec une de ses maîtresses nommée Marida, qu'il aimait cependant jusqu'à l'excès, et cette mésintelligence ayant déjà duré quelque temps, commença à s'ennuyer. Giafar Barmaki, son favori, qui s'en aperçut, commanda à Abbas ben Ahnaff, excellent poëte de ce temps-là, de composer quelques vers sur le sujet de cette brouillerie. Ce poëte exécuta l'ordre de Giafar, qui fit chanter ces vers par Moussali, en présence du calife, et ce prince fut tellement touché de la tendresse des vers du poëte et de la douceur de la voix du musicien, qu'il alla trouver Marida et fit sa paix avec elle. (*D'Herbelot.*)

LA LUMIÈRE DU HAREM.

Qui n'a pas entendu parler de la vallée de Cachemire, de ses roses les plus brillantes de la terre (1), de ses temples, de ses grottes, et de ses sources aussi pures que les yeux des tendres beautés qui aiment à contempler leurs ondes limpides?

Qu'il est doux de voir la vallée au coucher du soleil, lorsqu'une belle soirée de printemps répand sur le lac ses dernières clartés; telle une jeune épouse rougit en donnant un dernier coup d'œil à son miroir;

(1) La délicatesse et le parfum de la rose de Cachemire l'ont rendue proverbiale en Orient. (*Forster.*)

avant de se rendre lentement à la couche nuptiale.

On entrevoit les divers temples à travers le feuillage, et chaque culte sanctifie cette heure solennelle par ses rites particuliers. Ici, c'est le chant religieux du muezin, qui retentit du haut d'un minaret. Là, c'est un mage qui balance son urne remplie de parfums; plus loin, une jolie Bayadère agite auprès d'un autel indien sa ceinture de clochettes harmonieuses (1).

La vallée a mille charmes encore pendant la nuit, lorsque la pâle clarté de la lune brille doucement sur ses palais, ses jardins, et ses autels, lorsque les cascades étincèlent comme des étoiles tombantes, et que l'hymne

(1) Elle attacha autour d'elle une ceinture de clochettes, qui retentissaient avec une mélodie ravissante. (*Chant de Jadayeva.*)

mélancolique du rossignol de l'île des Platanes est interrompu par la bruyante gaieté et la danse légère des jeunes amans réunis sous les fraîches allées.

Que j'aime encore la vallée de Cachemire au point du jour, lorsque le charme magique de la lumière nous découvre à chaque instant une merveille nouvelle, et que les collines, les coupoles, les ruisseaux sortant soudain des ténèbres, semblent une création du soleil. Le génie des parfums se réveille avec l'aurore, et s'échappe de son harem de fleurs; la brise inconstante et folâtre caresse avec amour les jeunes trembles dont le feuillage mobile frémit mollement (1). L'orient s'enflamme comme un jeune cœur qui se livre à ses premières es-

---

(1) Les petites îles du lac de Cachemire sont plantées d'arbrisseaux et de trembles à larges feuilles... (*Bernier.*)

pérances, et le jour déployant son étendard de lumière, s'avance sous le portique sublime que forment les montagnes de cette heureuse vallée(1).

Mais jamais encore, soit qu'elle fût éclairée par les faibles rayons de la lune ou par la splendeur du soleil, humectée par les rosées du printemps, ou riche des trésors de l'été, jamais la vallée de Cachemire n'avait paru belle comme en ces temps fortunés. Tout y est amour et lumière ; on y goûte un doux repos pendant le jour, la nuit se passe en réjouissances. Le sourire épanouit tous les visages, tous les cœurs s'abandonnent à la joie.... la vallée célèbre la fête charmante des

(1) Le Tuckt Suliman, nom donné à cette colline par les mahométans, forme, sur le lac, la moitié d'un grand portail. (*Forster.*)

roses (1). Les plaisirs accourent de toutes parts, et les cœurs s'ouvrent à eux, comme la rose de la saison, la fleur aux cent feuilles (2), lorsqu'elle reçoit dans sa riche corolle la rosée balsamique du matin.

L'heure du soir était venue rafraîchir la surface argentée du lac, le soleil avait caché son disque brûlant derrière les palmiers de Baramoule (3) ; les jeunes filles commençaient à quitter les couches brodées où elles avaient dormi pendant la chaleur du jour, et venaient jouer au clair de la lune. Elles couraient ça et là dans la vallée, semblables aux essaims d'a-

---

(1) La fête des roses dure tout le temps qu'elles sont en fleurs. (V. *Pietro d'Havalle.*)

(2) Gul sad berk, la rose aux cent feuilles, je crois que c'est une espèce particulière. (*Ouseley.*)

(3) *Bernier.*

beilles qui voltigent en bourdonnant sur les colines de Bela (1), lorsque les safrans sont en fleur. Mille flambeaux parcouraient les bocages et les allées de l'île ; mille lampes étincelantes étaient placées sur tous les dômes et sur tous les minarets ; les jardins et les sentiers étaient éclairés par une lumière si vive, que vous pouviez distinguer les plus petites feuilles de rose éparses sur la terre. Cependant les jeunes filles et leurs mères ont laissé leurs voiles : on rencontre partout des yeux séduisans, et quelquefois de ces visages qui n'eussent pas osé se montrer en plein jour, et qui espèrent plaire encore parce qu'il est nuit. Elles errent en liberté, répétant que jamais

(1) Lieu mentionné dans le Touzek Jehangiry, ou mémoires de Jehanguire. C'est dans ce mémoire qu'on parle des couches de safran.

fête des roses n'avait été si joyeuse ; jamais la lune n'avait répandu une clarté si pure, jamais les fleurs n'avaient eu tant d'éclat, jamais elles-mêmes n'avaient été si belles. Elles admirent l'abondance des roses ; il semblait que les plus riches parterres eussent réuni leurs plus brillantes fleurs. Le lac lui-même est embaumé comme un jardin, par les boutons gracieux qui se penchent sur ses ondes, et qui semblent une pluie de guirlandes qui serait tombée des cieux.

L'écho se plaît à répéter les sons du tambourin et le bruit cadencé des pas légers qu'ils inspirent ; les muezzins chantent des airs de fête sur les galeries élevées des minarets ; des voix mélodieuses leur répondent d'un harem voisin, par de joyeux ziralites (1).

---

(1) C'est un usage, parmi les femmes, de faire chanter le muezzin sur la galerie d'un

Plus loin on entend rire la jeune Cachemirienne, qui s'élance au-dessus des orangers, dans une escarpolette de soie. Au milieu des tentes (1) qui bordent les chemins, de jeunes enfans ne craignant point la réprimande d'un mentor ou d'une mère, s'attaquent en se lançant les uns aux autres des touffes de roses. Quelle mélodie s'élève du milieu du lac! on se parle tout bas dans les nacelles qui glissent sur les eaux, à la clarté de la lune; les rames légères mêlent leurs mouvemens mesurés au murmure aérien qui se fait entendre dans les bosquets et autour des îles; comme si tous ces rivages,

---

prochain minaret qui est illuminé pour cela: on lui répond par intervalles avec un ziralite ou chœur joyeux. (*Bussel.*)

(1) Pendant la fête des roses, on dresse des tentes de toutes parts, et nous vîmes une quantité d'hommes, de femmes, etc. (*Herbert.*)

tels que ceux de Kathay, répondaient par des sons harmonieux au baiser de chaque vague (1).

Mais de tous ces accords, la plus douce mélodie est celle qui s'échappe, comme à la dérobée, du luth d'un amant qui connaît tout le pouvoir d'un luth et d'un soupir dans cette heure magique. O volupté la plus ravissante de toutes, d'être près de l'objet aimé ! Quel charmant délire éprouve celui qui peut, à la clarté mystérieuse de la lune, faire gémir son luth sur le lac paisible, ayant à son côté la bien-aimée de son cœur !

Si la femme peut rendre chère la

---

(1) Un vieux commentateur du Chou-King dit que les anciens, ayant remarqué qu'un courant d'eau faisait rendre à des cailloux du rivage un son musical, furent charmés de cette mélodie, et qu'ils en prirent quelques-uns et en fabriquèrent des instrumens de musique. (*Grosier.*)

solitude la plus déserte, quel Éden ne doit-elle pas faire de la vallée de Cachemire ?

Ainsi pensait le fils d'Acbar (1), lorsque fuyant le pouvoir, la pompe et les trophées de la guerre, il vint dans cette vallée oublier toutes ses grandeurs avec la lumière du harem, la jeune Nourmahal. Libre des soucis de la cour, le conquérant errait sur les rives du lac avec sa bien-aimée ; les couronnes qu'elle tressait en folâtrant dans les haies fleuries avaient plus de prix à ses yeux que son diadème, et, au fond du cœur, il eût donné le trône du monde pour une des boucles qui ornaient les contours gracieux de la gorge d'ivoire de sa sultane.

Il est une beauté toujours la même et toujours éblouissante qui, comme

---

(1) Jehanguire était le fils du grand Acbar.

la splendeur prolongée d'un jour d'été qu'aucune ombre n'adoucit par un heureux contraste, endort l'amour par la monotonie de son éclat. Ce n'était point cette beauté qui donnait des charmes si séduisans à la jeune Nourmahal; mais une grâce toujours variée, et qui, telle que la lumière qui chasse les ombres légères de l'automne, ne s'arrête jamais dans ses caprices, animant tour à tour les lèvres, les joues et les yeux; se dérobant un moment dans un nuage, et brillant soudain comme ces éclairs célestes qui charment un favori du ciel dans ses songes prophétiques.

Nourmahal était-elle pensive? il semblait que cette grâce, talisman précieux, faisait partie de ses traits; si sa gaieté s'altérait (dans les climats les plus doux, de légers zéphyrs font parfois trembler les fleurs sur leurs tiges), l'impatience de Nourmahal, sa colère passagère, semblaient ne réveiller en elle que de nouvelles beautés, comme les fleurs qui exhalent de plus doux parfums quand le zéphyr les agite. Une tendre émotion s'emparait-elle de son cœur? ses yeux noirs prenaient une teinte plus céleste, et laissaient échapper le feu de ses sentimens, comme de saintes révélations sortent du sanctuaire d'un temple; mais sa gaieté était folle et vive, et prenaït soudain l'essor comme l'oiseau du printemps. Folâtre comme une Péri à qui l'on vient d'ouvrir sa cage(1), Nourmahal eût cependant captivé un sage lui-même par son esprit.

---

(1) Dans les guerres des Dives et des Péris toutes les fois que ces premiers faisaient des prisonnières, ils les enfermaient dans des cages de fer, et les suspendaient aux arbres élevés. Leurs compagnes venaient les y visiter et leur porter des parfums choisis. (*Richardson.*)

Enfin son sourire plein de vie, inspiré par l'amour et la douceur, était l'expression de son âme : on n'eût pu deviner quel était celui de ses traits qu'il embellissait davantage : tel on voit un lac se briser en cercles gracieux, et s'anime aux rayons du soleil, lorsqu'une brise légère glisse sur son cristal limpide.

Ce fut par ces charmes incomparables que Nourmahal put mettre dans ses chaînes le fier vainqueur de l'orient. Quelque brillant que fût son harem, parterre vivant des plus belles fleurs de cette planète (1), quoique les trésors qu'il renfermait eussent été préférés, par Soliman lui-même, à toutes les richesses que ses flottes lui portaient des rivages d'Ophir, tous les sourires étaient sans grâce auprès

---

(1) Dans la langue des Malais, le même mot veut dire femme et fleur.

des siens, et la jeune Nourmahal était la lumière du harem.

Mais que fait-elle donc pendant cette nuit de réjouissances, où le plaisir est le but de tous les cœurs ? Où est la sultane favorite, lorsque tout ce qui brille ici aux yeux surpris semble l'illusion fantastique d'un songe? Oui, ceux que le hasard eût amenés, cette heureuse nuit, dans la vallée de Cachemire , auraient pu se croire transportés dans cette ville de délices (1) des régions de la féerie, dont les palais et les tours sont de perles, de lumière et de fleurs. Lorsque la gaieté réunit les jeunes beautés, où la plus belle a-t-elle donc été cacher sa mélancolie?

Hélas! qu'une légère cause suffit pour jeter la discorde entre deux

(1) La capitale de Shadukiam. (*Voyez la note du* 1er *volume.*)

tendres amans! Des cœurs qui ont été vainement éprouvés par le monde, et dont l'infortune a resserré les nœuds, des cœurs qui ont résisté aux orages sur la mer troublée de la vie, s'égarent dans un jour calme et heureux; comme ces vaisseaux qui sont engloutis par les vagues lorsque le ciel est le plus serein.

Quelque chose d'aussi léger que l'air, un mot dur ou mal compris, un souffle enfin, a ébranlé souvent un amour qui était resté inébranlable aux attaques des tempêtes; des mots plus durs encore viendront bientôt achever une rupture commencée par un mot; les yeux oublieront ces tendres regards qu'ils échangeaient aux jours rians des premières émotions; et la voix perdra cet accent qui donnait tant de douceur à tout ce qu'on se disait: peu à peu tous les charmes de l'amour ont fui, et des cœurs étroitement unis naguère ressemblent à des nuages déchirés avec violence, ou à cette source qui quitte en souriant les flancs de la montagne, comme si ses ondes ne devaient jamais se séparer, mais qui n'a pas encore atteint la plaine que déjà elle se divise en ruisseaux qui ne se réuniront plus.

O vous qui voulez retenir l'amour, gardez-le dans des chaînes de fleurs, comme on le voit dans le séjour des félicités (1); n'abandonnez aucun des liens qui l'entourent, et qu'il ne se serve jamais de ses aîles : une heure, une minute de fuite priverait ses plumes de la moitié de leur éclat, comme cet oiseau céleste qui fait son

(1) Voyez la description du Cupidon des Orientaux, enchaîné par des guirlandes de fleurs, dans *les Cérémonies Religieuses*, de Picart.

nid sons les climats lointains de l'Orient, et dont les aîles, si brillantes lorsqu'il s'arrête, perdent toute leur splendeur dès qu'il a pris l'essor (1).

Un léger différent de cette espèce dangereuse qui peut bientôt briser les chaînes de deux tendres cœurs, divise le prince et sa bien-aimée ; ce n'est qu'une ombre dans le beau ciel de l'amour, mais ce point vaporeux peut encore recéler la foudre. Tel est le nuage qui pèse sur le cœur du prince, et qui lui a fait bannir de sa vue la lumière de son harem. Voilà pourquoi, dans cette heureuse nuit, où tous les plaisirs se sont réunis dans les

---

(1) Parmi les oiseaux de Tonquin est une espèce de chardonneret, qui chante si mélodieusement qu'il est nommé l'oiseau céleste. Ses ailes, lorsqu'il est perché, paraissent de mille couleurs brillantes ; mais dès qu'il vole elles n'ont plus d'éclat. (*Grosier.*)

prairies et sous les bocages, où chaque cœur a trouvé le sien, le fils d'Acbar, triste et solitaire, promène à l'écart sa vague inquiétude, tel que cet oiseau de la Thrace qui ne trouve point de lieu pour se reposer (1). En vain les plus jolis visages, les yeux les plus séduisans que produit cet Éden de la terre, viennent s'offrir à lui, il ne leur trouve aucun charme : c'est en vain que ce séjour est riche de mille fleurs variées; qu'importe au rossignol si sa rose chérie n'y est pas (2)? Les belles de la vallée viennent en souriant rendre hommage au monarque;

---

(1) Comme ces oiseaux du Bosphore n'ont jamais été vus posés, les Français les appellent *les ames damnées*. (*Dalloway*.)

(2) Vous pouvez offrir des corbeilles de fleurs et d'herbes odoriférantes au rossignol ; ce cœur fidèle ne désire que l'haleine suave de sa rose bien-aimée. (*Jami*.)

un sourire de sa bien-aimée vaut pour lui tous les hommages du monde : il est l'astre qu'on adore, mais elle est le ciel qui donne à cet astre tout son éclat.

Voilà aussi pourquoi, au milieu de tant de magnificence, Nourmahal s'éloigne de la fête, et se tient seule dans son bosquet, sans autre compagne pour la consoler, que cette vierge inspirée, la magicienne Namouna. Le soleil parcourt depuis des siècles les sentiers dorés du ciel, sans avoir jamais vu son visage vermeil, animé de plus de fraîcheur et de plus de jeunesse ; et même comme les soupirs du vent d'occident embellissent la fleur sur laquelle il passe, le temps rapide semblait, en fuyant, laisser Namouna toujours plus belle. Cependant il y avait dans son sourire une certaine mélancolie ; et lorsqu'elle parlait des mondes invisibles, il s'échappait de ses yeux noirs une lumière si étrange, que tous ceux qui l'écoutaient ne doutaient plus que Namouna ne fût la fille des génies.

Elle connaissait tous les talismans et tous les charmes magiques depuis le grand Mantra (1), qui évoquait tous les esprits sublimes de l'air, jusqu'aux pierres d'or (2) d'Afrique, que l'Arabe voyageur porte attachées à son bras, pour se préserver des maléfices de Siltim (3). Quelque élevée que soit sa sphère, elle sait ce qu'il en coûte de

---

(1) On dit qu'elle avait trouvé le grand Manthra, talisman qui lui donnait le pouvoir de gouverner les élémens et les esprits de toutes les classes. (*Wilford.*)

(2) Les pierres d'or de Jinnie qui, à cause du charme magique qu'elles portent, sont appellées *ezl herre* par les arabes. (*Jackson.*)

(3) Démon qui habite les bois sous la forme humaine. (*Richardson.*)

perdre un amant chéri ; elle a juré par son art tout-puissant, de trouver un charme pour rendre à Nourmahal les sourires de Sélim (1).

Il était nuit... A travers le treillage couronné de chèvre-feuille, mille parfums s'exhalaient de ces plantes qui veillent quand les autres dorment. C'est ainsi que les timides boutons du jasmin renferment pendant le jour leurs odeurs suaves dans leurs discrètes corolles, et, dès que le soleil s'est éclipsé, confient ce dépôt secret à tous les zéphirs qui voltigent à l'entour.

Namouna s'écrie : Voici l'heure qui répand des charmes mystérieux sur le gazon et sur les fleurs : on peut à présent tresser des guirlandes qui, pla-

(1) Selim, nom de Jehanguire avant son avénement au trône.

cées sur le front de celui qui dort, lui feraient voir en songe des tableaux ravissans et des objets miraculeux; tel est le spectacle enchanteur qu'admirent les génies du soleil, lorsqu'ils jouent le soir dans leurs tentes d'or, avant que le crépuscule vienne faire évanouir l'une après l'autre leurs demeures formées des rayons de la lumière.

On pourrait aussi tresser une couronne avec les fleurs sur lesquelles la lune a reposé sa tremblante clarté. Cette couronne, portée par celle que l'amour abandonne, ferait descendre des cieux quelque Péri, ou quelque esprit dont l'âme est composée des émanations des fleurs et des soupirs des amans, et qui pourrait lui dire..... « Voilà, s'écrie Nourmahal avec impatience, voilà la couronne que je veux que tu me tresses cette nuit; » et sans tarder, elle court aussi légère que la gazelle, pour cueillir toutes les fleurs consacrées par les rayons de la lune, et destinées à former cette magique guirlande. Ce jardin rassemblait les anémones et les mers-d'or (1); les lis d'eau aux corolles d'azur, et ces douces fleurs qui ouvrent leurs boutons dans le carquois de Camadeva (2): on y admirait la tubereuse argentée qui, dans les parterres de Malaca, est appelée la maîtresse de la nuit (3), parce

---

(1) L'Hemasagara ou la Mer-d'Or. Ses fleurs sont de la plus brillante couleur d'or. (*Sir Will-Jones.*)

(2) Cet arbre (le Nagacesara) est un des plus délicieux de la terre, et l'odeur suave de ses fleurs leur donne une place dans le carquois de Camadeva ou le dieu de l'amour. (*Sir Will-Jones.*)

(3) (Polyanthes Tuberosa). Les Malais appellent la tubereuse, Sandal Malam, ou la maîtresse de la nuit. (*Pennant.*)

qu'elle se montre parfumée et parée comme une jeune épouse, dès que le soleil à disparu; l'amaranthe, dont se couronnent les vierges qui errent sous les ombrages de Zamara (1); la blanche fleur de la lune, telle qu'elle paraît sur les rochers élevés de Serendib, à ceux qui voguent près de l'île pour respirer avec la brise les parfums des girofliers ; enfin, depuis le divin amrita (2) qui prodigue aux habitans

(1) Les peuples de Batta, province de Sumatra (dont Zamara est l'ancien nom) mènent dans les intervalles de la guerre une vie très-inactive. Ils passent le jour à jouer d'une espèce de flûte, couronnés de guirlande de fleurs, parmi lesquelles dominent surtout les amaranthes. (*Marsden.*)

(2) L'espèce la plus riche et la plus belle du Jambu ou Pomme-Rose, s'appelle Amrita ou Immortel; et les mythologistes du Thibet donnent le même nom à un arbre céleste qui

du ciel ses fruits d'immortalité, jusqu'au basilic (1) qui balance ses touffes odorantes sur les tombeaux, et l'humble romarin (2) qui embaume le désert et les morts, il n'est pas de plante, il n'est pas d'arbre qui n'orne ces jardins. La jeune Nourmahal remplit sa corbeille de leurs feuilles et de leurs fleurs; et revenant auprès de Namouna, elle verse sur ses genoux toutes ces richesses de la vallée.

Avec quelle volupté la magicienne admira tous ces boutons humides d'une rosée distillée des astres! Son regard exprima un ravissement

---

produit des fruits d'ambroisie. (*Sir Will. Jones.*)

(1) Le Basilic de Perse, appellé Bayhan, se trouve généralement dans les cimetières.

(2) Le Romarin et la Lavande se trouvent en abondance dans le grand désert. (*Recherches Asiatiques.*)

au-dessus de tous les plaisirs mortels; ce fut avec une espèce d'extase qu'elle se pencha sur ces fleurs embaumées, respirant leurs émanations, comme si elle eût mêlé son âme à la leur. C'était en effet leur haleine suave qui entretenait en elle une vie enchantée; car jamais personne ne l'avait vue goûter une nourriture mortelle, ni approcher de ses lèvres d'autre substance terrestre que la rosée de l'aurore.

L'enchanteresse, inspirée soudain, commence ses opérations magiques; elle tresse sa guirlande avec un art mystérieux, et chante ce qui suit :

« Je sais où habitent les songes
» ailés qui voltigent autour de la
» couche du sommeil. Je connais toutes
» les plantes qui, pendant le jour, leur
» donnent un asile dans le calice de
» leurs fleurs. Hâtons-nous donc, ma

» jeune amie, hâtons-nous de tresser
» notre guirlande. Demain les songes
» et les fleurs ne seront plus.

» Le songe de l'amour, qui va
» chaque nuit visiter la vierge timide,
» sort de la fleur du jasmin, qui ex-
» hale, comme elle, son âme dans les
» ombres de la nuit. Le songe con-
» solateur de l'espérance qui plane
» sur le front du malheureux vient
» de la fleur argentée de l'amandier,
» à qui une branche sans feuilles sert
» de soutien (1). Hâtons-nous donc,
» ma jeune amie, hâtons-nous de
» tresser notre guirlande; demain
» les songes et les fleurs ne seront
» plus.

» Les songes qui découvrent à des

---

(1) L'amandier voit naître ses fleurs blanches sur des branches nues. (*Hasselquit.*)

» yeux avides l'éclat éblouissant des » mines, habitent dans cette fleur des » montagnes (1) qui teint en or les » dents du faon sauvage. Les fantômes » hideux qui épouvantent le meur- » trier s'échappent de cette plante si- » nistre. . . . . Garde-toi donc d'y » toucher. C'est la mandragore qui » jette un cri lorsqu'on la déchire » dans les ténèbres. Hâtons-nous donc » ma jeune amie, hâtons-nous de » tresser notre guirlande, demain les » fleurs et les songes ne seront plus.

» Le songe d'une âme patiente » quand on l'outrage, et qui sourit » à ses persécuteurs, se trouve dans » l'écorce brisée du cannellier, dont » il double la suavité. Hâtons-nous

---

(1) Herbe du mont Liban, qu'on dit communiquer une couleur jaune aux dents des chèvres et des autres animaux qui la broutent.

» donc, ma jeune amie, hâtons-nous » de tresser notre guirlande; demain » les songes et les fleurs ne seront » plus. »

Aussitôt que la couronne fut placée sur la tête de Nourmahal, le sommeil descendit sur ses paupières aussi doucement que les ombres d'une nuit d'été. Au même instant, une brise légère, aussi riche de sons harmonieux que les vents qui soufflent sur les tente d'Azab (1) sont riches de parfums, vint s'insinuer dans son oreille, comme le premier zéphyr du matin se glisse dans ces élégans coquillage de la mer Rouge, parmi lesquels l'amour lui-même aimait jadis à s'endormir (2). Un esprit voltige

(1) Le pays de la myrrhe.

(2) Cette supposition, que les divinités vivaient dans des coquillages, n'était pas une

autour d'elle. Il semble un mélange de musique et de lumière, tant ses traits sont brillans, tant le mouvement de ses ailes remplit l'air d'une douce mélodie; bientôt il chante ces paroles :

« Appellé par le charme de cette
» guirlande qu'a consacrée la lumière
» de la lune, je viens de l'harmo-
» nieuse fontaine de Chindara (1),
» séjour enchanté où j'habite le jour
» et la nuit au milieu de la musique.
» Des luths y résonnent dans les airs,
» des voix y chantent depuis l'aurore
» jusqu'au soir; et là chaque soupir

---

idée inconnue aux Grecs, qui représentent les jeunes Nerites comme habitant les coquillages de la mer Rouge. (*Wilford*).

(1) Fontaine fabuleuse, où l'on dit que des instrumens de musique résonnent continuellement. (*Pichardson.*)

» s'exhale en son mélodieux. Je viens
» de ma demeure magique, et s'il est
» un charme dans l'harmonie, je jure,
» par l'émanation de cette guirlande
» nocture, que ton amant soupirera de
» nouveau à tes pieds.

» J'inspire le chant léger et les
» sons mourans qui tombent aussi
» doucement que la neige sur la mer,
» et qui expirent aussitôt dans le
» cœur; c'est moi qui compose ces mo-
» dulations passionnées dont est pro-
» fondément pénétrée l'âme qu'elles
» agitent, comme on voit la brise
» chargée d'odeurs suaves communi-
» quer ses parfums à la vague qu'elle
» soulève.

» C'est à moi qu'appartient ce
» charme mystique auquel obéissent
» les esprits des félicités passées. Que
» mon talisman mélodieux résonne,

» ils accourent et voltigent à l'entour
» comme des génies ; c'est à moi
» qu'est dûe la tendre romance qui
» fait passer d'une âme à une autre
» les désirs de l'amour, comme cet
» oiseau qui porte au travers des
» plaines de l'air, les semences du
» cannellier de bocage en bocage (1).

» C'est moi qui réunis dans une
» douce mesure le passé, le présent
» et l'avenir du bonheur, lorsque la
» mémoire enchaîne le son qui s'est
» évanoui à celui qui retentit encore
» dans l'oreille; lorsque d'une note
» céleste, l'espérance s'élance vers

---

(1) Le pigeon pompadour porte, dans différens lieux, les fruits du cannellier, et ne contribue pas peu à la reproduction de cet arbre précieux. (*Voyez les éclaircissemens de Brown.*)

» une note plus céleste encore qui » n'est pas éloignée.

» Le cœur du guerrier, s'il est ému » par moi, peut devenir aussi docile » que son blanc panache qui naguère » brillait fièrement au milieu des » combats.... et qu'un souffle flé- » chit ! Mais, les yeux de la beauté, » comme ils étincèlent lorsque la mu- » sique est parvenue au fond de son » âme, semblable aux astres silen- » cieux qui écoutent les éternelles har- » monies du ciel !

» Je viens ici de ma demeure ma- » gique, et s'il est un charme dans » l'harmonie, je jure, par l'émanation » de cette guirlande nocturne, que » ton amant soupirera de nouveau à » tes pieds. »

L'aurore paraît... ou c'est du moins cette aurore précoce dont la lumière s'évanouit soudain (1), comme si le jour s'était réveillé, et avait fermé de nouveau ses brillantes paupières.

Déja Nourmahal essaie les merveilles de son luth, dont les cordes, ô bonheur! murmurent comme les ailes harmonieuses de cet esprit aérien. et sa voix!... Ce n'est plus celle d'une mortelle; jamais les lèvres d'une femme n'ont prononcé d'aussi célestes accords; les soupirs des anges n'ont pas plus de douceur. « Ah! que Sé» lim puisse m'entendre cette nuit, » s'écrie-t-elle, il m'aimera plus que » jamais! » Et d'heure en heure elle répète ses chants, car elle craint qu'ils aient perdu leur mélodie avant le soir; ce qui est si céleste a toujours peu de durée! Mais loin de s'affaiblir, le charme en devient de plus en plus

(1) « Les Orientaux ont deux aurores; le soubhi kazim et le soubhi sadig, le faux et le vrai point du jour. » (*Waring*.)

divin ; et Nourmahal en extase ne cesse d'interroger chaque corde de son luth, et de moduler les accens de sa voix, semblable à Écho amoureuse de ses propres chants.

Le soir arrive, le prince donne une fête dans son magnifique shalimar ; espérant que la gaieté, la musique et la coupe pétillante l'aideront à bannir de son âme le fantôme de l'amour.

Dès que la première étoile de la nuit éclaire de ses rayons tremblans les ondes du lac, les jeunes filles de la vallée se rassemblent dans les salons splendides. Les unes, fidèles à la terre natale, n'ont jamais quitté ces lieux enchantés, où elles glissent à travers le feuillage comme des nymphes aériennes sur les rives de ces ruisseaux qui sont des sources de beauté (1) ; les autres disent souvent adieu aux

(1) Ce qui surtout rend célèbres les sources

ombrages de la vallée (peut-on quitter un séjour si délicieux?); errantes comme des troubadours, elles vont répéter dans les jardins du Sud (1), ces chants auxquels les lèvres des Cachemiriennes ajoutent tant de mélodie. On voit aussi sourire les odalisques du harem, les jeunes beautés de l'Occident aux cheveux dorés, et celles des jardins du Nil, fraîches comme les roses de ses rivages (2); les filles de l'amour

de la vallée, c'est l'idée que les Cachemiriennes leur doivent leur beauté et leur fraîcheur. (*Ali Yesdi.*)

(1) Je reçus de lui ce petit *Gazzel*, ou chant d'amour, dont il avait inscrit les notes, après avoir entendu une de ces chanteuses de Cachemire, qui errent dans les diverses contrées de l'Inde. (*Mélanges persans.*)

(2) Les roses du *Jinan Nile*, ou jardin du Nil (dans le palais de l'empereur de Maroc), sont sans égales, et l'on fait des coussins de

venues des rochers de Chypre, et ornant leur chevelure des diamans de Paphos (1); ces nymphes à la taille aérienne qui foulent aux pieds les prairies dorées de Candahar (2); et celles qui mollement étendues dans les bocages de Cathai voient voltiger autour d'elles une foule de papillons (3) si brillans, qu'elles sont ten-

leurs feuilles pour les gens de condition. (*Jackson.*)

(1) Il est une montagne, à Paphos, qui produit le plus beau cristal de roche. Son éclat l'a fait nommer le Diamant de Paphos. (*Marili.*)

(2) Il est une contrée de Candahar, appelée Peria, ou terre de Féerie (*Thevenot*), dans quelques pays du nord de l'Inde, on croit que l'on trouve de l'or végétal.

(3) Il est des papillons qui sont appelés, en chinois, *feuilles volantes*. Quelques-uns de ces insectes ont des ailes si richement nuancées, qu'on pourrait les appeler *fleurs*

tées de croire que toutes les fleurs de ces rians parterres ont reçu soudain la vie et des ailes par un charme magique. Toutes les beautés de l'Orient et de l'Occident se rendent dans le palais, toutes.... excepté toi, Nourmahal ! toi la plus aimable, toi dont le sourire était seul recherché naguères, et dont le regard au milieu de tant de beaux yeux, était comme cet astre que le nocher contemple seul au milieu de la voûte étoilée ; tu es absente ! Sélim le remarque ; rien ne saurait lui plaire, puisqu'il ne peut te voir ; mais non tu es près de lui, tu es venue essayer le pouvoir de tes accords enchantés. Nourmahal s'est mêlée à une troupe de jeunes filles, qui comme elle, portent un luth mélodieux, elle est cachée sous le mas-

---

volantes. Ils sont en effet toujours en grand nombre dans les plus beaux jardins.

que (1) qui voile les traits des vierges d'Arabie, et ne laisse qu'un œil à découvert pour mieux captiver les cœurs. Elle erre autour du salon ; son cœur palpite, elle tremble en attendant l'intant propice où elle pourra reconnaître si son luth chéri est encore doué de ses vertus magiques.

Des fruits et des vins de toute espèce couvrent les tables somptueuses. On admire des grappes d'or (2), semblables à celles qui mûrissent sur les coteaux de Casbin ; ces grenades exquises et ces pommes que Caubul produit dans ses mille vergers (3) ; les

---

(1) Les femmes arabes portent des masques noirs avec de petites agrafes très-élégantes. (*Carreri.*) Niehbur parle de cette mode de ne montrer qu'un œil dans la conversation.

(2) *Les grappes d'or de Casbin.* (*Description de la Perse.*)

(3) Les fruits exportés du royaume de

plantains verts et les plantains dorés; les mangoustans, nectar de Malaca (1); les prunes de Bokara, les douces amandes des bois lointains de Samarcande, les dattes de Baska, et les abricots d'Isran, fruits du soleil (2). On n'a pas oublié les conserves des cerises de Visna (3), des fleurs de l'o-

---

Caubul sont des pommes, des poires, des grenades, etc. (*Elphinstone.*)

Nous nous assîmes sous un arbre; nous écoutâmes les oiseaux; et nous parlâmes de notre patrie et de Caubul avec le fils de notre mehmaundar: il nous intéressa beaucoup par la description de la ville et de ses cent mille jardins, etc. (*Id.*)

(1) Le mangoustan est le fruit le plus délicieux du monde, et l'orgueil des Moluques. (*Marsden.*)

(2) Abricot d'un goût exquis, appelé tokmek-shems, ce qui signifie semence du soleil. (*Description de la Perse.*)

(3) Des confitures qui consistaient en con-

ranger, et de ces framboises dont les jeunes gazelles se nourrissent dans les vallons pierreux d'Érac (1). Ces divers mets sont placés dans des vases magnifiques, dans des corbeilles de bois de Santal, et dans des urnes de porcelaine qui viennent de cette île (2) engloutie sous les flots de l'Océan indien, où souvent un heureux nageur va chercher des vases dignes d'orner les palais des rois. Dans de brillans cristaux pétillent les vins de tous les climats et de toutes les couleurs; l'ambre Bosolli (3), la blanche rosée qu'on

---

serves de roses, de cerises, d'oranges, etc. (*Russel.*)

(1) Le Moallakat, poëme de Turafa.

(2) Mauri-Ga-Sima, île près de Formose, qui fut ensevelie sous les flots pour les crimes de ses habitans. Les vases que les pêcheurs et les plongeurs y trouvent se vendent à un prix fou dans la Chine et au Japon.

(3) *Contes Persans.*

exprime des vignes de la mer Verte (1), et la riche liqueur de Shiraz, qui semble le rare rubis du roi de Zeilan fondu dans une coupe (2).

Sélim espère inonder son cœur de ces vins précieux, et en bannir l'amour : il ignorait comment ce dieu enfant peut flotter sur la liqueur d'une coupe, et la faire briller de son joyeux sourire, de même que les poëtes le voient dans leurs rêveries, glisser sur les flots azurés du Gange, dans une guirlande de lotos rose (3), et

---

(1) Le vin blanc de Kishma.

(2) Le roi de Zeilan a, dit-on, le plus beau rubis qu'on ait jamais vu. Hublai-Khan lui offrit, en échange, la valeur d'une ville ; le roi répondit, qu'il ne le donnerait pas pour tous les trésors du monde. (*Mariasola.*)

(3) Les Indiens supposent que Cupidon fut aperçu flottant sur le Gange, dans la fleur du nymphæa nelumbo. (*Pennant.*)

emprunter un nouvel éclat au fleuve qui répète son image.

Mais que sont les coupes sans le chant pour aider l'inspiration du nectar qu'elles versent? Une jeune Georgienne s'avance, elle a tout l'éclat, et toute la fraîcheur des vierges de son pays, lorsqu'elles sortent des ruisseaux de Téflis (1); ses yeux noirs lancent des regards brûlans; que celui qui sent son cœur faible, prie le ciel d'éloigner à jamais de lui ces regards séducteurs. Elle arrondit avec grâce ses bras voluptueux autour d'une syrinde (2), et chante ce qui suit:

« Accourez, accourez dans ces lieux:
» le jour et la nuit, tous les plaisirs

---

(1) Teflis est renommé par ses sources d'eau chaude.

(1) Syrinde ou guitarre indienne.

» vous y invitent tour à tour; sem-
» blables aux vagues d'un temps calme,
» dès que l'un a fui, un autre lui suc-
» cède; l'amour qui expire, fait naître
» un nouvel amour aussi fortuné; et
» s'il est un Élysée sur la terre, il
» n'est que dans ces lieux. »

» Ici les vierges soupirent, et leurs
» soupirs sont embaumés comme la
» fleur d'Amra que l'abeille vient d'en-
» trouvrir (1). Leurs larmes sont aussi
» précieuses que cette pluie du ciel qui
» se convertit en perles (2), dès qu'elle
» tombe dans la mer.

» Que doivent être les baisers et les

---

(1) Délicieuses sont les fleurs de l'Amra, autour desquelles murmurent les abeilles. (*Chant de Jayadeva.*)

(2) Le nisan ou rosée de printemps qu'on croit produire des perles, si elle tombe sur des coquillages. (*Richardson.*)

» sourires, quand les soupirs et les
» larmes ont tant de volupté ! S'il est
» un Élisée sur la terre, il n'est que
» dans ces lieux.

« Ici petille le nectar qui, rendu
» divin par l'amour, fit abandonner
» jadis leurs sphères célestes à ces
» anges qui oublièrent les fontaines
» du Paradis pour le jus de nos treilles,
» et les étoiles du ciel pour les yeux
» de nos beautés terrestres (1). Quel
» génie pourrait jamais sacrifier son
» Éden s'il y savourait le parfum de
» nos coupes ? Oui, s'il est un Élysée
» sur la terre, il n'est que dans ces
» lieux. »

Le chant de la Géorgienne avait à peine cessé, que le même air, son pour son, fut répété par un autre

(1) Voyez Mariti sur la chute des anges.

luth dont les accords ravissans captivèrent soudain l'admiration attentive ; tous levèrent les yeux, croyant entendre les ailes harmonieuses de l'ange Israfil (1). Une voix aussi douce que les vibrations magiques du luth enchanté vint soudain mêler si intimement ses accens à sa mélodie, qu'on ne savait lequel préférer du luth ou de la voix.

« Il est un bonheur bien au-dessus
» de ceux qu'on vient de célébrer :
» c'est celui du nœud céleste qui unit
» deux cœurs fidèles, malgré les
» épreuves du malheur.... fidèles jus-
» qu'à la mort. Une heure d'une ten-
» dresse aussi sainte vaut des siècles
» d'indifférence. Oui, s'il est un
» Élysée sur la terre, il est dans ces
» lieux. »

---

(1) L'ange de la musique.

Ce n'était point l'air ni les paroles, mais le charme magique qui donnait un tel pouvoir au luth et à la voix. On s'écria de toutes parts : « C'est la vierge arabe masquée ! » Sélim, plus encore que personne, était resté dans un ravissement semblable à l'extase ; trop pénétré pour parler, il fit avec la main un signe qui disait à la chanteuse de poursuivre.

« Fuyons ensemble au désert, viens, » fuyons ensemble ! nos tentes arabes » ne t'offrent qu'un abri rustique ; » mais quel cœur pourrait hésiter entre » l'amour sous une tente et un trône » sans amour.

» Nos rochers sont arides ; mais le » riant acacia y balance ses panaches » jaunes : cet arbre solitaire a plus de » charmes encor, parce qu'il fleurit » dans le désert.

» Nos sables sont incultes, mais la » joyeuse gazelle aux pieds d'argent » y bondit avec autant de grâce que » sur les parvis de marbre du palais » des rois.

» Viens, la jeune Arabe sera pour » toi l'acacia solitaire et chéri ; elle » sera la gazelle dont les pas légers » charmeront le silence de ta soli- » tude.

» Il est un son de voix, il est des » regards qui répandent une soudaine » lumière dans nos cœurs, comme » si nous venions de trouver à l'in- » stant un trésor cherché pendant » toute la vie.

» Les lèvres et les yeux destinés à » absorber tous nos soupirs et à n'être » jamais oubliés, s'offrent ainsi à notre » amour :

» Ton regard et ta voix captivèrent » mon cœur lorsque je te vis pour la » première fois! Tu m'étais inconnu » comme si tu venais d'une autre » sphère; je crus t'aimer depuis long-» temps.

» Fuyons ensemble....; si tu n'as » point brûlé d'une autre flamme, si » tu n'as point perfidement rejeté une » pierre précieuse que tu avais juré » de conserver à jamais sur ton » cœur.

» Viens, si l'amour que tu ressens » pour moi est aussi pur que le mien, » s'il est comme une source souterraine » que découvre le vanneau (1).

» Mais si tu abandonnes pour moi

---

(1) Le hudhud ou vanneau, selon les Orientaux, découvre les sources souterraines.

» une autre amie, si tu trahis une » image adorée pour me donner sa » place dans ton cœur infidèle ;

» Alors, adieu. J'aimerais mieux » me voir sur la glace d'un laç, lorsque » le soleil printanier commence à l'é- » clairer de ses rayons, que de me » fier à un amour aussi trompeur que » le tien. »

Il y avait dans ces vers un charme si naturel que, même sans le secours de la magicienne, ils auraient encore troublé le cœur de Sélim ; mais comment aurait-il pu résister à des accords inconnus jusqu'alors aux mortels? Chaque corde du luth de Nourmahal avait été touchée par le génie de l'harmonie ; c'en était trop pour Sélim ; il tressaillit, et laissa tomber la coupe qui, pendant cet air mélodieux, était restée suspendue comme par enchantement dans ses mains immobiles, et prêtes à l'approcher de ses lèvres. Il prononce enfin le nom de celle qu'il ne voyait plus depuis si long-temps, et s'écrie avec transport : « Nourmahal! Nourmahal! je cède à ces accords tout-puissans! J'oublie tout, et je suis à toi pour jamais! »

Elle ôte son masque. . . . . elle a vaincu, et Sélim presse sur son cœur sa Nourmahal, la lumière du harem, que le carmin de la pudeur embellit encore! Les nuages qui obscurcissaient son front sont évanouis ; ses yeux sont plus brillans que jamais, et son sourire semble doué d'un nouveau charme. Heureuse enfin, elle repose sa tête sur le bras de Sélim, et lui dit tout bas avec amour : « Souviens-toi de la fête des roses. »

A la conclusion de cette rapsodie, Fadladin résuma son opinion sur le jeune Cachemirien, qu'il espérait, dit-il, avoir entendu ce soir pour la dernière fois. Ayant récapitulé les épithètes *frivole*, *discordant*, *saugrenu*, il ajouta qu'il croyait voir ses poëmes sous le jour le plus favorable, en les comparant à l'un de ces bateaux des Maldives que la princesse avait remarqués dans son rêve, c'est-à-dire, à quelques planches minces et dorées, mises à flot sans lest ni gouvernail, et n'ayant pour cargaison que de fades parfums et des fleurs flétries. En effet, la profusion de fleurs et d'oiseaux que le poëte avait toujours à son service, sans compter les rosées, les pierreries, etc., etc., était une richesse fort ennuyeuse pour ceux qui l'écoutaient; elle avait le malheureux effet de donner à son style l'éclat d'un parterre, mais non sa symétrie élégante; le bruit d'une volière, mais non le doux ramage des oiseaux. D'ailleurs, il choisissait fort mal ses sujets, et ce qui l'inspirait surtout, c'était toujours ce qu'il y avait de plus blâmable; les charmes du paganisme, les vertus des rebelles, tels étaient les thèmes qui excitaient particulièrement son enthousiasme, et dans son dernier poëme, par exemple, un des passages les plus supportables était l'éloge du vin, breuvage des infidèles. « Peut-être, dit-il, et ici son visage s'adoucit pour sourire, en pensant à la réputation qu'il avait lui-même dans le harem; peut-être ce jeune homme est-il un de ces poëtes dont l'imagination doit toute sa verve au jus de la grappe; comme cette porcelaine coloriée si curieuse et si rare, dont les peintures ne sont visibles que lorsqu'elle contient une liqueur. »

Sur le tout c'était son opinion, d'après ce qu'il avait entendu, et dans tout le voyage, rien ne lui avait paru plus ennuyeux; c'était son opinion, que quelque autre mérite que pût avoir ce beau jeune homme, la poésie n'était nullement sa vocation; « Et ma foi, » dit le critique pour conclure, « en voyant sa tendresse pour les fleurs et les oiseaux, je serais tenté de croire qu'il serait meilleur fleuriste ou oiseleur, que poëte. »

La caravane commençait à gravir ces arides montagnes qui séparent Cachemire du reste de l'Inde; comme la chaleur était insupportable, et le temps du campement limité aux quelques heures d'un repos nécessaire, il n'y eut plus de soirée dans le pavillon, et Lalla Roukh ne vit plus Féramorz. Elle sentit alors que son rêve de bonheur était fini, et qu'il ne lui en restait plus que le souvenir pour consoler son cœur dans le désert de la vie qui s'ouvrait devant elle; c'est ainsi que quelques gorgées d'eau douce suffisent au chameau qui traverse les sables. La mélancolie de son âme se trahit bientôt dans les traits de son visage, et ses suivantes virent avec douleur, mais non sans en soupçonner la cause, que la beauté de leur maîtresse dont elles étaient aussi fières que de la leur, se flétrissait au moment où elle en avait le plus grand besoin. Que penserait le roi de Bucharie, lorsque au lieu de cette aimable et belle Lalla Roukh que les poëtes de Delhi avaient vantée comme plus parfaite que les divines images de la maison d'Azor, il verrait arriver une victime pâle et inanimée, des yeux de laquelle l'amour aurait fui pour se cacher dans le fond de son cœur ?

Si quelque chose avait pu charmer sa tristesse, c'eût été la fraîcheur et les rians paysages de cette vallée que les Persans ont surnommée l'*incomparable* (1) ; mais ni la pureté et la douceur de l'atmosphère au sortir de ces montagnes brûlantes qu'elle venait de traverser ; ni la splendeur des minarets et des pagodes ; ni les grottes, ni les ermitages ; ni les fontaines miraculeuses qui font de cette contrée une terre sainte ; ni les cascades sans nombre qui se précipitent dans la vallée du haut des montagnes romantiques qui l'entourent ; ni la ville, située sur le lac, ni ses maisons dont les toits couronnés de fleurs paraissaient de loin un vaste parterre ; aucune enfin de

(1) Kachmire be nazver. (*Forster.*)

toutes les merveilles de la plus belle vallée du monde, ne put arracher pendant un instant du cœur de la princesse ces tristes pensées qui devenaient de plus en plus sombres et amères pour elle.

La pompe joyeuse, et le nombreux cortége qu'elle trouva en entrant dans la vallée, la magnificence avec laquelle toutes les routes étaient décorées, firent honneur au goût et à la galanterie du jeune roi. Il était nuit lorsque l'on approcha de la ville, et pendant les deux derniers milles du chemin, la princesse avait passé sous des arches festonnées avec ces roses précieuses dont on distille l'Atar-Gul, et illuminées d'une manière fantastique avec des lanternes de l'écaille des tortues de Pégu. Par intervalle on voyait éclater dans un bois voisin de la route les nombreuses flammes d'un feu d'artifice si soudain et si brillant qu'un bramine aurait cru voir cette forêt qui s'embrasa tout à coup lorsque le Dieu des batailles naquit sous ses ombrages de pourpre. Quelquefois aussi une illumination rapide et bizarre éclairait tous les champs et tous les jardins d'alentour, et bornait l'horizon par une ceinture de lumières mobiles, semblables à ces météores du nord, vus par les chasseurs qui poursuivent les renards bleus de la mer Glaciale (1).

Ces arches élégantes et ces feux d'artifices plurent infiniment aux suivantes de la princesse, et, avec leur logique ordinaire, elles décidèrent d'après le bon goût du prince pour ces illuminations, que ce serait le modèle des époux.

---

(1) Voyez l'Encyclopédie pour la description de l'aurore boréale.

Lalla Roukh elle-même fut touchée de l'accueil splendide que lui faisait le roi de Bucharie; mais elle sentit aussi combien est pénible la reconnaissance qu'excitent en nous les faveurs de ceux que nous ne pouvons aimer. Leurs bienfaits les plus généreux ont pour nous la douceur mortelle et glacée qui doit, dit-on, souffler sur la terre, aux derniers jours du monde (1).

Le mariage fut fixé au matin suivant. Lalla Roukh devait être alors pour la première fois présentée au monarque dans le palais impérial,

---

(1) Le vent qui doit souffler de la Syrie (*Syria damascena*) est, selon les mahométans, un des signes de la fin du monde. Un autre signe encore, c'est lorsqu'un homme est assez malheureux pour s'écrier, en passant près d'un tombeau : Plût à Dieu que je fusse à la place de celui qui dort dans ce cercueil! (*Sale. Discours prélim. de l'Alcoran.*)

appelé le Shalimar. Quoique la princesse eût passé une nuit d'inquiétude et d'insomnie, comme on n'en avait jamais passée dans l'heureuse vallée, cependant, lorsque le lendemain matin ses femmes vinrent pour l'assister dans sa toilette, elles la trouvèrent plus belle que jamais. Tout ce que ses charmes avaient perdu de fraîcheur et d'éclat, n'était rien auprès de cette expression intellectuelle, de cette âme des yeux qui vaut tous les appas. Lorsqu'elles eurent teint ses doigts avec la feuille de l'henné, et placé sur son front un petit diadème de pierres précieuses, comme en portaient les anciennes reines de Bucharie, elles jetèrent sur sa tête le voile nuptial couleur de roses : la princesse s'avança vers la barque qui devait la conduire sur le lac ; mais elle baisa d'abord avec un regard mélancolique la petite amulette de cornaline que son père lui avait passée autour du cou, en lui disant adieu.

Le matin était aussi beau que la jeune princesse dont il allait éclairer l'hyménée. Le lac transparent, tout couvert de bateaux, les ménestrels faisant résonner leurs instrumens mélodieux sur tous les rivages des îles, les maisons d'été qui s'élevaient en groupes sur les vertes collines d'alentour, les schalls et les bannières qu'on faisait flotter sur les toits, présentaient le tableau d'une fête si animée, que celle qui en était l'objet fut la seule à ne pas l'admirer avec transport. Toute cette pompe attristait Lalla Roukh; elle ne se fût pas même décidée à lever les yeux, si ce n'eût été dans l'espoir de voir encore une fois Feramorz dans la foule. Cette pensée la poursuivait tellement, qu'il n'y avait point d'île et de bateau où elle ne s'attendît à l'apercevoir. Heureux, pensait-elle, le dernier des esclaves qui peut jouir de la lumière chérie de ses yeux !

Dans le bateau qui suivait celui de la princesse, était le grand nazir Fadladin ; il avait fait ouvrir ses rideaux de soie, afin que tout le monde pût jouir de son auguste aspect, et il repassait dans sa tête le discours qu'il devait déclamer au roi sur Féramorz, la littérature et le chabuk, trois choses qu'il ne pouvait séparer.

On était arrivé dans le canal qui conduit aux dômes et aux salons splendides du shalimar, et de chaque côté de la rive étaient des jardins dont les arbustes odoriférans parfumaient les airs. Du milieu du canal, des jets d'eau s'élançaient sans interruption à une telle hauteur, que les rayons du soleil les rendaient semblables à des colonnes de diamans. Après avoir passé sous les voûtes de plusieurs appartemens somptueux, on aborda au dernier et au plus magnifique, où le prince attendait sa fiancée. L'agitation de Lalla Roukh était telle, qu'elle eut peine à descendre du bateau et à s'avancer sur les degrés de marbre qu'on avait couverts de draps d'or. A l'extrémité de ce vaste salon étaient deux trônes aussi précieux que le trône d'azur de Koulburga (1); sur l'un était assis Aliris, le jeune roi de Bucharie, et sur l'autre devait être placée dans

(1) Koulburga, capitale du Dekkan. A son retour de Koulburga, Mahommed Shaw donna une grande fête, et monta sur le trône qu'il appela Firozeth ou Azur. Ce trône était d'ébène plaqué d'or pur, et orné de pierreries. Chacun des princes de la maison de Bhamenie se fit un devoir de l'enrichir encore; de sorte que sous le sultan Mahmoud les joailliers l'estimèrent quatre millions sterling.

quelques instans la plus belle princesse du monde.

Lorsque Lalla Roukh entra dans ce salon, le prince descendit de son trône pour aller à sa rencontre; mais il avait à peine eu le temps de lui prendre la main qu'elle poussa un cri de surprise, et s'évanouit à ses pieds. C'était Féramorz lui-même qui était devant elle. Féramorz n'était autre que le roi de Bucharie qui avait accompagné sa jeune fiancée depuis Delhi sous ce nom supposé. Après avoir conquis l'amour de la princesse comme un modeste ménestrel, il méritait bien d'en jouir comme roi.

La consternation de Fadladin, à cette découverte, le rendit un moment digne de pitié; mais un changement d'opinion est une ressource trop commode dans les cours, pour que cet habile courtisan n'eût pas appris à s'en prévaloir. Ses critiques furent donc aussitôt rétractées ; il ressentit pour les vers du roi une admiration aussi vaste qu'elle était, disait-il, désintéressée. La semaine suivante le vit à la tête d'une nouvelle place, jurant par tous les saints de l'islamisme que jamais il n'y avait eu d'aussi grand poëte que le roi Aliris ; et prêt à prescrire son régime favori du chabuk à quiconque, homme, femme, ou enfant, oserait dire le contraire.

Après un tel commencement, on ne peut guère douter du bonheur qui attendait le roi et la reine de Bucharie ; et l'on dit, entr'autres preuves, que Lalla Roukh, en mémoire de son charmant voyage, n'appela jamais le roi que Féramorz.

NOTES

SUR LE PROPHÈTE VOILÉ.

« Le nom de l'imposteur était Hakem Ben Haschem. Ses disciples assuraient qu'il se couvrait le visage pour ne pas éblouir ceux qui l'approchaient, par l'éclat de son visage comme Moïse. » (*D'Herbelot.*)

« Il faut remarquer ici touchant les habits blancs des disciples de Hakem, que la couleur des habits, des coiffures et des étendards des califes Abassides étant la noire, le chef de rebelles ne pouvait pas en choisir une qui lui fût plus opposée. » (*Idem.*)

« Sa doctrine était que Dieu avait pris une forme et figure humaines, depuis qu'il eut commandé aux anges d'adorer Adam le premier des hommes; qu'après la mort d'Adam Dieu était apparu sous la figure de plusieurs prophètes et autres grands hommes qu'il avait choisis jusqu'à ce qu'il prît celle d'Abu

Moslem, prince de Khorassan, lequel professait l'erreur de la Tenassukiah ou Metempsycose, et qu'après la mort de ce prince, la divinité était passée et descendue en sa personne. » (*Idem.*)

« Quant à la dernière fourberie de ce faux prophète, d'Herbelot dit seulement qu'il avait fabriqué une machine qu'il disait être la lune. Selon Richardson, ce miracle se perpétue à Nakshab. »

« Il donna du poison dans le vin à tous ses gens, et se jeta lui-même ensuite dans une cuve pleine de drogues brûlantes et consumantes, afin qu'il ne restât rien de tous les membres de son corps, et que ceux qui restaient de sa secte pussent croire qu'il était monté au ciel, ce qui ne manqua pas d'arriver. » (*D'Herbelot.*)

NOTES SUR LA PÉRI.

Imaret est un hospice où l'on loge et nourrit gratis les pèlerins pendant trois jours. (*Toderini, traduit par l'abbé de Cournant.*)

Les Turcs, qui à l'heure générale de la

prière ne peuvent se rendre aux mosquées, soit qu'ils en soient trop éloignés, soit qu'ils soient occupés de manière à ne pouvoir s'absenter du lieu où ils sont, n'en doivent pas moins se mettre à genoux, et s'unir de cœur à leurs frères.

NOTES SUR L'HISTOIRE DES GUÈBRES.

« On les voit, persécutés par les califes se retirer dans les montagnes du Kerman. Plusieurs choisirent pour retraite la Tartarie et la Chine; d'autres s'arrêtèrent sur les bords du Gange, à l'est de Delhi. »

(*Anquetil*, *mémoires de l'Académie*, *tom. XXXI*, *p*. 346.)

Voltaire nous apprend que l'on crut généralement que, dans sa tragédie des Guèbres, il avait fait allusion aux Jansénistes; je ne serais pas surpris si mon histoire des adorateurs du feu donnait lieu à une supposition semblable.

Les femmes de l'Orient ne vont jamais sans leurs miroirs : dans certaines contrées de l'Asie elles portent de petites glaces sur leurs pouces. Voilà ce qui explique le sens des colloques muets de deux amans en présence de leurs pères. Il est bon aussi de prévenir aussi que le lotos est l'emblème de la beauté.

« Il passa, après un salut de respect, un lotos sur son front; alors son amante lui plaça son miroir devant les yeux, et le retourna ensuite sur son cœur. » *Mélanges asiatiques.*

Pour se distinguer des idolâtres de l'Inde, les Guèbres se ceignent tous d'un cordon de laine ou de poil de chameau. (*Encyclopédie française.*)

D'Herbelot dit que cette ceinture était généralement de cuir.

Nul d'entre eux n'oserait se parjurer quand il a pris à temoin cet élément terrible et vengeur. (*Encyclopédie.*)

NOTES SUR LA LUMIÈRE DU HAREM.

Les femmes égyptiennes vont deux fois la semaine pleurer et prier au lieu des sépultures, et c'est un usage d'y porter une espèce d'herbe, appelée rihan par les Arabes (c'est notre basilic.) (*Maillet, Lettres.*)

La plante du mont Ida, qui a la propriété de jaunir les dents et la chair des troupeaux, a bien fait rêver les alchimistes d'Orient qui, pendant long-temps, l'ont prise pour de l'or végétal.

Toutes les fois que nous jouissons d'une succession de sons, c'est une perception compliquée, qui se compose de la sensation de la note présente, et d'une idée du souvenir de la note précédente; leur mélange et leur concours produisent une volupté mystérieuse, augmentée souvent par l'anticipation des notes suivantes. Nous mettons à contribution le sentiment, la mémoire et l'imagination tout ensemble.

Voilà exactement la théorie épicurienne du plaisir, comme l'explique Cicéron: *Quòcircà corpus gaudere tamdiù, dùm præsentem sentiret voluptatem; animum et præsentem percipere pariter cum corpore et prospicere venientem, nec præteritam prëterfluere sinere.*

Madame de Staël attribue au même principe la source du plaisir que nous cause la rime : elle est l'image de l'espérance et du souvenir. Un son nous fait désirer celui qui doit lui répondre, et quand le second retentit, il nous rappelle celui qui vient de nous échapper.

Le shalimar était un spacieux jardin que plusieurs empereurs de Delhi avaient orné avec prédilection, surtout Jehanguire, qui résidait pendant tout l'été à Cachemire. (V. dans *Forster* la description du shalimar.)

NOTES SUR QUELQUES COUTUMES ET EXPRESSIONS ORIENTALES.

De Khedar Kan.

KEDAR Kan, khaskan ou roi de Turquestan, ne marchait jamais sans un cortége magnifique. Grand protecteur des lettres et des arts, il présidait lui-même aux exercices publics des poëtes, et distribuait les couronnes aux plus habiles. (*Richardson.*)

D'Aureng-Zeb.

Aureng-Zeb, prince hypocrite, mettait le manteau de la religion entre ses actions et le vulgaire, et remerciait, en impie, la divinité du succès de ses crimes. D'une main il implorait le ciel, de l'autre il signait des ordres d'assassinats. (*Histoire de l'Indostan.*)

Le nom de Tulipe est, dit-on, d'origine turque; et la fleur qui le porte l'a reçu à cause de sa ressemblance avec un turban. (*Bechmar*, *Histoire des inventions.*)

Du trône de Salomon.

Ce trône merveilleux est appelé l'Étoile des génies. (Voyez les *Mélanges de littérat. orient. T. I. page* 233.

« Lorsque Salomon voyageait, disent les auteurs musulmans, il faisait placer son trône sur un tapis de soie assez ample pour contenir toutes ses troupes. Les hommes se rangeaient à sa droite, et les esprits à sa gauche. Le vent docile à ses ordres transportait le tapis partout où le voulait le prince, et les oiseaux planaient sur leurs têtes pour former un dais mobile avec leurs ailes déployées. (*Salle*, *trad. du Koran*, *Tome II*, *page* 214.

Du dieu Hanaman.

Pennant nous apprend que les singes sont en grande vénération dans plusieurs contrées de l'Inde, par respect pour le dieu Hanaman, qui est adoré sous la forme de l'un de ces animaux. Lorsque les Portugais conquirent le royaume de Jatanapatam, ils enlevèrent une dent de singe que les habitans regardaient comme une précieuse relique. Une ambassade solennelle vint la réclamer à Goa.

Des femmes d'Yezd.

Certainement les femmes d'Yezd sont les plus belles de la Perse. Un proverbe dit que, pour vivre heureux, il faut avoir une femme d'Yezd, manger du pain d'Yezdecas, et boire du vin de Schiras. (*Tavernier.*)

De la reine de Saba.

Dans le palais que Salomon fit bâtir pour recevoir la reine de Saba, le parquet était de cristal, et en dessous coulait une eau vive, dans laquelle nageaient des poissons, ce qui fit commettre à la princesse une méprise que le koran ne dédaigne pas de mentionner : on lui dit, entrez; mais elle crut qu'il fallait traverser un bassin, et, retroussant sa robe pour ne pas la mouiller, elle fit voir ses jambes : alors Salomon lui dit (en souriant sans doute.) : Entrez, ce parquet est de cristal. (*Chap.* 27.)

Du lescar ou camp impérial.

Le lescar est partagé comme une ville, en rues, places, carrefours, etc., etc., créé soudain comme par enchantement dans une plaine inhabitée; il offre un superbe coup d'œil, et fait croire à la baguette des fées. Ceux qui suivent le prince sont souvent si charmés du séjour du lescar, lorsqu'il est agréablement situé, qu'ils ne peuvent se décider à l'abandonner. Pour prévenir cet inconvénient, l'empereur, après avoir donné un temps suffisant aux marchands, décrète qu'ils seront brûlés dans leurs tentes. (*L'Indostan par Dow.*)

La tente du prince est généralement illuminée.

Du mazagong.

Les mangues de mazagong sont les meilleurs de tous les fruits. Le premier arbre qui a fourni tous les greffes, est gardé pendant la récolte par une garde de cypaies.

De la montagne écrite.

Volney attribue aux pèlerins les inscriptions et les dessins gravés sur les rochers du mont Sinaï, appelé la *montagne écrite.* M. Gebelin et d'autres auteurs ont cherché des sens mystérieux à toutes ces inscriptions; mais Volney et Niehbur n'y ont reconnu que la main oisive du voyageur gravant sur la pierre son nom, l'époque de son voyage, et quelques figures grossières qui indiquent un peuple assez mauvais dessinateur.

De la camalata, et du campac.

La camalata (appelée *ipome* par Linnée) est une des plantes les plus remarquables par la couleur et la forme de ses feuilles et de ses fleurs. Ses élégantes corolles sont d'un rose céleste, couleur chère à l'amour, et lui ont fait donner le nom de *camalata*, ou vigne d'amour.

La *camalata* est aussi une plante mythologique, qui a la vertu de satisfaire tous les désirs de ceux qui sont reçus dans le ciel d'Indra. Si jamais fleur fut digne du paradis, c'est notre charmante *ipomea*. (*Sir William Jones*.)

Quant au campac, les bramines soutiennent que le campac azuré ne croît qu'en paradis. Sa fleur est jaune sur la terre. Cependant le sultan a, dit-on, un *champaka olen* dans ses jardins. (*Sumatra*, *décrit par Marsden*.)

De l'hôpital des Banyans.

« . . . . Ce récit me rendit curieux de visiter l'hôpital des Banyans. J'avais plus d'une fois entendu parler de leur bienveillance pour toutes les espèces d'animaux malades, estropiés ou infirmes. On me fit voir d'abord une salle remplie de chevaux, de vaches et de bœufs ; dans une autre étaient des chiens, des moutons, des boucs et des singes. Leur litière était de paille fraîche et souvent renouvelée. On me montra aussi un dépôt de graines et des plats pleins d'eau, destinés aux oiseaux et aux insectes. » (*Parson.*)

« On dit que les animaux connaissent les Banyans; que les plus timides viennent à eux, et que les oiseaux s'en laissent approcher sans crainte. » (V. *Grandpré.*)

De la source sacrée du Liban.

« Il y a de profondes cavernes qui servaient autrefois de cellules à une multitude d'anachorètes. Ces saints personnages avaient choisi ces retraites pour être les seuls témoins de leur sévère pénitence. Leurs pieuses larmes ont fait donner à la rivière dont nous venons de parler le nom de *sainte rivière.* » (Voyez *le Génie du christianisme de M. de Châteaubriand.*)

Du tepisk.

Le tepisk est un chapelet composé de quatre-vingt-dix-neuf petites boules d'agate, de jaspe, d'ambre, de corail, ou d'autre matière précieuse. J'en ai vu un superbe au seigneur Jerpos : il était de belles et grosses perles parfaites et égales, estimées trente mille piastres. » (*Toderini.*)

Du lézard hellio.

Les Arabes l'appellent *hardun*. Les Turcs le tuent parce qu'ils prétendent qu'en courbant la tête, il imite par dérision l'attitude qu'ils prennent pour leurs prières.

D'Azor.

Azor était un fameux statuaire, que le koran donne pour père à Abraham. Hafiz dit quelque part : « J'ai une si jolie idole, qu'Azor n'en a pas de semblable dans son atelier.

FIN DES NOTES.

www.ingramcontent.com/pod-product-compliance
Ingram Content Group UK Ltd.
Pitfield, Milton Keynes, MK11 3LW, UK
UKHW012207240726
13966UKWH00002B/627